ANTON KIMPFLER

Was verraten meine Träume?

Geheimnisse unserer nächtlichen Existenz

VERLAG AM GOETHEANUM

Einbandgestaltung von Gabriela de Carvalho

Satz: Heiko Hanekop
Herstellung: Freiburger Graphische Betriebe
ISBN 3-7235-1079-5

Inhalt

An den Souverän im Leser

Früher waren die ganzen Lande durch Könige oder auch Königinnen regiert. Mal ist es ein strengeres, mal ein wenigstens etwas tolerantes Regiment gewesen. Meist hatten die Untertanen wenig zu sagen, mußten aber desto mehr spuren. Niemand durfte aufmucken.

Einen jedoch gab es, der konnte nicht nur offen reden, sondern er durfte sich auch über alles lustig machen. Mitunter war er der einzige, der sich noch ehrlich zu äußern wagte. Und bisweilen ist sehr Weises dabei gewesen: bei dem Hofnarren.

Heute nun sind wir alle autonom. Jeder oder jede hat ein eigenes inneres Königreich der Seele zu verwalten. Auch da ist vieles entstellt, gar völlig unterdrückt. Oder es geht ab und an recht kriegerisch zu.

Doch wir haben etwas, das sich bisweilen deutlich äußert, uns schonungslos den Spiegel zeigt sowie sehr närrisch sein kann. Das sind die Träume. Sie enthüllen oft genau das, was sonst nicht mehr zum Vorschein hätte kommen können.

Solange es irgendwelche Unausgewogenheiten im Reich der eigenen Seele gibt, bedürfen wir dieser inneren Hofnarrenrolle. Und wie gesagt: Es kann gelegentlich das Weiseste hindurchsprechen.

Welch eine innere Fülle

Eine erstaunliche Bilderfülle ist es, die sich durch den Menschen bewegen kann. Da muß mir jemand nur von anderen Personen, fremden Örtlichkeiten oder bestimmten Ereignissen erzählen. Schon mache ich mir eine Vielzahl von Vorstellungen, wie dies alles gewesen oder beschaffen sein mag.

Oder es braucht ein paar Stichworte wie «hübsches Häuschen» und «idyllischer Bergsee». Gleich fliegen mit uns die wundersamsten Ferienträume los. So viel an Sehnsucht ist angestaut, daß nur kleine Anregungen nötig sind – und bald kommen ganze Gefühlswogen ins Rollen. Diese beherrschen manche Menschen gar sehr.

In zahlreichen Ländern steht es heute nicht gut. Falls ein Mensch eine zündende Idee hat, wie eine heilsame Reform aussehen könnte, lockt er meistens nur eine winzige Schar von Leuten hinter dem Ofen hervor – um auch das mehr bildhaft zu beschreiben. Allzu sehr möchten sie in der heimischen Wärme verharren und bloß keine zusätzlichen Anstrengungen auf sich nehmen.

Dennoch gibt es Situationen, wo ein Großteil der Bevölkerung in Bewegung gerät. Und die Individuen sind nicht nur bereit, etwas zu unternehmen, sondern bringen dafür auch noch Geld auf: nämlich dann, wenn ein enormer Lotteriegewinn möglich ist.

Plötzlich «träumen» viele davon, was mit der riesigen Geldsumme zu machen wäre, sofern diese an sie fallen sollte. Ein Drittel der Bewohner einiger Länder spielt zuweilen mit. In tollsten Bildern wird innerlich ausgemalt, welche Wünsche hier in Erfüllung gehen könnten.

Appellieren wir also an Einsicht und Verantwortung, erscheint mitunter nur ein kleines, schon müdes Häufchen. Wird hingegen ein traumhaftes Vorstellungsvermögen angesprochen, können gewaltig viele Personen zu aktivieren sein.

Dies weiß besonders auch die Wirtschaftspsychologie. Wohl die Mehrzahl der Produkte wird nicht gekauft, weil ein dringender Bedarf sich kundgibt. Vielmehr ist durch schönste Versprechungen der Werbung unser Wunschleben angesprochen. In traumartig aufgenommenen Bildern und Sprüchen sind wir bereits ganz wer anderer. Etwas, das mit der angepriesenen Marke in Zusammenhang steht, kann scheinbar auf uns übergehen.

Durch die angeführten Beispiele wird deutlich, daß wir tagsüber von traumartigen Szenen begleitet sind und diese auf menschliche Aktivitäten einen enormen Einfluß besitzen. Jene Individuen, welche meinen, nachts keine Träume zu haben, stecken dennoch stark darin.

Auch wenn jemand sich nur ein wenig anders verhält, als wir dies erwarten, möchten wir ihn manchmal in der Phantasie am liebsten zerreißen. Dann ist es eigentlich nicht weit bis zu jenen Traumgeschehnissen, wo Hemmungen entfallen und zum Ausleben gelangt, was sonst versteckt gehalten wird.

Verschiedene Märchenszenen wirken von daher gar nicht so phantastisch, wo tatsächlich mal ein Wesen vor

Wut zerplatzt oder eine Zerstückelung passiert. Auf der Ebene bildhafter Prozesse sind wir längst an solchen Vorgängen beteiligt. Doch kann es sein, daß das Tagesbewußtsein vieles überlagert und wenig akzeptiert ist, was sich gleich angrenzend an die vermeintlich so beständige Sinneswelt alles an heftigen Turbulenzen und gewaltigen Verwandlungen abspielt.

Jeder Mensch steckt darin, nur ist unterschiedlich viel wahrzunehmen. Wer starke Kontrolle ausüben will, kriegt häufig desto weniger mit. Aber es kann genauso sein, daß ihm danach ein ganz schonungsloser Spiegel all dessen präsentiert wird, was abgeschoben bleiben sollte. Und deshalb will er erst recht nichts davon wissen.

Andererseits kann auch der Fall eintreten, daß ein Mensch geradezu überschwemmt ist von einer ungestümen Bilderfülle und ihm richtig bange wird. Plötzlich wirkt jene verborgene Seite, die am liebsten weit weg bleiben soll, mit einer Intensität, welche einem beispielsweise das Gefühl des Ertrinkens vermittelt.

Nicht zuletzt deshalb kann es äußerst empfehlenswert sein, sich rechtzeitig mit dem zu befassen, was uns da als riesiges Geistes-Seelenmeer begleitet und umgibt. Ohne Wissen hiervon können einige Traumerlebnisse einen erschreckenden Effekt bei bestimmten Personen haben. Zumindest spüren sie dies indirekt, gehen mit einem Horror gegenüber speziellen Situationen und Begegnungen herum, beziehungsweise müssen immer wieder starke grausige technische Medieneindrücke konsumieren, um zu betäuben, was in ihnen selber untergründig rumort. Einzelne flüchten gar in schlimme Gewalthandlungen, sowohl gegen sich als auch gegen Mitmenschen.

Des nachts kann plötzlich in jemandem hochsteigen, sich verselbständigen und ihn bildhaft konfrontieren, wovor er irgendwelche Furcht hat. Was ins Unterbewußtsein gedrückt, ja dort sozusagen eingekesselt wurde, sucht dann Befreiung gegenüber unserem Bemühen, es zurückzuschieben.

Da fällt die künstlich errichtete Hemmschwelle weg. Alle bloß aufgesetzte, eben gezwungene und nicht echte Moralität wird wirkungslos.

Zuweilen stellt sich exakt das, wovor wir intensive Abneigung haben, mit rigoroser Intensität vor einen hin. In Ausnahmefällen können die aufsteigenden Eindrücke jemand so stark drängen, daß er in der Nacht aufsteht und etwa nachschaut, ob tatsächlich Menschen vor der Tür stehen, wie es die inneren Bilder vorgaukeln. Oder es spaziert ein Mensch im Zustand des Schlafwandelns bis aufs Dach, dem nachspürend, was mehr unsichtbar an ihm zerrt.

Solche unterschwellige Zwangshaftigkeit, die hier unerlöst waltet, kann sich auch tagsüber als suchthaftes Gelüst ausbreiten und zu Reaktionen verleiten, deren versteckte Brisanz die jeweilige Person bisher zuwenig anzuschauen sowie umzuwandeln vermochte. Es spielt die Wirksamkeit des seelischen Schattens oder Doppelgängers herein, welcher für automatenhafte Verhaltensweisen unserer selbst verantwortlich sein kann.

Hier sitzt in jedem auch eine ziemliche Todesangst. Diese kann durchaus im Traum sich verkleiden, indem etwa ein Kind stirbt. Vielfach ist die Ursache aus der eigenen Seele kommend, verbunden mit einem Gespür von der Endlichkeit all dessen, woran wir so sehr hängen.

In Extremsituationen geht mit manchen Menschen durch, was sonst unbewußt in ihnen rumort. Manchmal zieht es noch den Leib mit. Die meisten rasten aber nur seelisch aus. Dies mag durchaus heilsame Effekte haben, weil abzuschütteln ist, womit wir in unangebrachter Weise verquickt sind.

Zwar trifft zu, daß ein schonungsloser Seelenspiegel vorgehalten wird. Er zeigt, was alles an widerlichen Reaktionsformen in einem verborgen ist. Äußerlich mag viel Zurückhaltung gelernt sein. Ob jedoch in uns selber etwas unterdrückt blieb, verraten gerade die Traumesbilder.

Einiges kommt in recht übertriebenen Szenenfolgen zum Vorschein, weil schon lange ein Niederstoßen geschah – sei es auch nur aufgrund äußerer Konventionen oder erzieherischen Druckes.

Als eine Art von innerem Ausmisten kann dies zugleich verstanden werden. Weil allerlei so heftig durcheinanderwirbelt, wie dies nun einmal bei vielen Traumszenerien zutrifft, darf die Seele endlich aufatmen, nachdem nicht weniges massiv eindrang, weshalb sie fast zu ersticken drohte.

Selbst wenn ganz gräßliche Bilder beigemischt sein mögen, kann genau deswegen ein Befreiungsgefühl nachfolgen. Des morgens sind wir dann von einiger Bedrängnis oder sogar Verrücktheit frei, statt daß dies weiter an einem hängen bleibt oder sich gar als Krankheit bis ins Leibliche hineinfrißt.

Daß es sehr unterschiedliche Schlafphasen gibt, wird der psychologischen Forschung immer mehr bekannt. Zwischen dem Dösen und dem eigentlichen Tiefschlaf existiert jener träumerische Zustand, wo wir seelisch noch nicht ganz abgelöst sind. Das gibt sich bis in körperliche Prozesse hinein kund, mit schnellen Augenbewegungen verbunden.

Wenn Menschen in solch einer Phase geweckt werden, können sie vorwiegend von Traumerlebnissen berichten, aus denen sie sozusagen herausgerissen wurden. Derartige Zustände gibt es mehrfach in der Nacht. Dabei zeigte sich, daß bei einem frühen Aufgewecktwerden zumeist von schrecklicheren Traumszenen zu berichten war.

Wurde jemand später aus den vermuteten Traumphasen geweckt, sind die meisten Berichte schon weniger unangenehm gewesen. Und beim Wecken auf den Morgen zu lief das meiste schon wieder harmonischer.

Der Tendenz nach besagt dies: Zunächst geht vieles durcheinander. Die Welt scheint fast zusammenzubrechen. Im weiteren Schlafverlauf mäßigt sich die Untergangsstimmung und gelangt allmählich zur Umwendung. Des morgens ist das überwiegend geklärt. Es kann zum neuen Tagewerk geschritten werden.

Insofern kuriert uns das Traumleben von verhängnisvollen bis katastrophalen Haltungen. Es löst sich einiges, was mit Verfahrenheiten oder Konfusionen zusammenhängt. Daraufhin kann die Seele eine deutliche Entlastung spüren. Allerdings ist manchmal auch das Einschlafen lange behindert, wenn wir zu sehr an irgendwelchen Sorgen festhängen. Obwohl der Schlaf dann weit kürzer sein mag, kann er dennoch als besonders hilfreich und heilsam erlebt werden.

Der Traumzustand wird als paradoxe Schlafphase bezeichnet, die um die zwanzig Minuten dauern kann. Nach durchschnittlich ungefähr eineinhalb Stunden erfolgt eine Wiederholung. Bei kürzerer Gesamtschlafzeit oder weniger Schlaftiefe, etwa in ungewohnter Umgebung, sind auch Verschiebungen und Verdichtungen möglich.

Jedenfalls treten diese paradoxen Zustände häufig auf, meist so um die vier- bis siebenmal pro Nacht. Wird zum Beispiel im Zelt geschlafen oder sonst wegen Störungen nicht so tief abgetaucht, kann beinahe der Eindruck walten, daß wir am laufenden Band Träume produzieren. Wer statt dessen sehr geruhsam sich einwiegt beziehungsweise vom Wecker abrupt aus der Ruhe herausgerissen ist, bekommt vielleicht gar nichts davon mit.

Diffizilere Versuche in sogenannten Schlaflabors hatten etwa die Auflage, daß ein Mensch dann, wenn er weiß, daß sich Träume in ihm vollziehen, zweimal zusätzlich mit den Augen rollt oder sogar über einen Knopfdruck ein elektrisches Signal auslöst. Das war dann in Übereinstimmung mit dem erwähnten paradoxen Zustand, wo die meßbaren elektrischen Gehirnwellen ebenfalls anders sind als beim Wachen oder im Tiefschlaf.

In Israel (am Weizmann-Institut) wurde noch etwas herausgefunden. Verschiedene Personen versuchten sich Informationen anzueignen. Dann wurden sie in der Nacht stets geweckt während dieses Zustandes, wo auch die schnellen Augenbewegungen ablaufen. Bei anderen Versuchspersonen erfolgte das mehrfache Wecken in der sonstigen tieferen Schlafphase.

Dabei zeigte sich ganz Erstaunliches: Jene Menschen, die immer dann gestört wurden, wenn sie sich im paradoxen Schlafzustand befanden, hatten fast nichts dazugelernt – im Unterschied zur übrigen Gruppe, wo die Unterbrechung andere Phasen der nächtlichen Abwesenheit betraf.

Demnach ist abzuleiten: Wir verarbeiten über die Traumvorgänge, was tagsüber aufgenommen wurde. Nur so bilden sich Fähigkeiten daraus. Alles dagegen, was die Möglichkeit des Traumes abschwächt, verhindert solche Umsetzungen. Das mögen zu große technisch-mediale Belastungen, Fernsehen und so weiter, zuwenig künstlerische Anregungen oder auch dämpfende pharmazeutische Mittel (Schlaftabletten) sein.

Dann kann zwar stets mehr eingeübt werden – doch es geschieht keine neue Fähigkeitenbildung. Hierzu bedarf es des träumenden Weiterprobens. Ohne dieses verbindet die Seele sich nicht richtig mit dem Aufgenommenen.

Seelische Probeläufe stellen somit die Träume dar, und zwar im doppelten Sinne. Was bis in Weltuntergangsstimmungen reicht, wird einem abgewöhnt oder sogar herausgetobt. Wertvolleres sowie Lehrreiches bedarf hingegen zusätzlicher innerer Durchgänge, damit es sich tiefer aneignen läßt.

Somit ist das überhaupt nicht vertane Zeit, sondern Teil eines seelischen Verdauens. Es hat sich sogar folgendes gezeigt: Wenn die Traumphasen ungefähr sieben Nächte hintereinander zu stören versucht werden, treten psychotische Züge bei dem betreffenden Menschen auf.

Die bisweilen phantastische oder verworrene Traumszenerie bewahrt uns gerade davor, dem Wahnsinn zu verfallen. Dadurch rückt sich also wieder einiges zurecht, was im «normalen» Leben nicht auszugleichen ist.

Eben wie der Ausdruck bereits andeutet: Da leben wir zu sehr nach einer Norm. Bestimmte seelische Regungen bleiben zurückgehalten. Falls dies allzu lange und konsequent stattfindet, muß irgendwann ein gewisses Ausrasten erfolgen. Oder es werden sonstige Ableitungen gesucht, die ins Rauschhafte oder Gewaltmäßige reichen können.

Vom anthroposophischen Menschenbild her gesehen ist das Traumgeschehen folgendermaßen zu erklären: Im Wachzustand sind physischer, ätherisch-lebendiger und astralisch-seelenhafter Leib mit dem Ich zusammen einheitlich verwoben. Im Schlaf dagegen erfolgt eine Lockerung. Ich und Astralleib lösen sich ab.

Beim Traum ist das Ich schon heraus und ohne Bezug zum Physischen. Deshalb können Raum und Zeit sich verschieben; bewußteres Kontrollieren entfällt. Ätherischer und astralischer Leib hingegen wirken noch aufeinander. Was dadurch zum Vorschein kommt, enthüllen die Traumbilder.

Der Ätherleib in uns stellt das dar, was sich auch als innere Uhr bezeichnen läßt. Er lebt ganz in rhythmisch-lebendigen Abläufen. Im Astralleib hingegen arbeitet schon Zukünftiges und wirkt Vergangenes herein. So erklärt sich, warum gewohnte räumliche Situationen wie durcheinandergewirbelt sein können und gar nicht so selten auch Wahrnehmungen von künftigen Ereignissen auftreten.

Nicht weniges, was tagsüber wie verschüttet oder vom Wachbewußtsein überlagert war, dringt im Traumzustand heran. Zumeist strömt viel mehr auf uns ein, als bewußt registriert wird. Von unterschwelligen Wahrnehmungen kann in diesem Zusammenhang die Rede sein.

Solange das Bewußtsein weniger entwickelt ist und wir nicht in weitreichender Übereinstimmung mit unserer gesamten Wesenheit stehen, äußert sich gerade übers Traumgeschehen, was alles markant am eigenen Wesen vorbeizog.

Bei einer ganzen Reihe von Menschen ist das ja fast schon Vorsatz, daß kaum hingeschaut wird, wenn ihnen Neues begegnet oder sie von unbekannten Personen umgeben sind. Dies hinterläßt dennoch kräftige Spuren in ihnen und wirkt des nachts zurück. Da haben sie mancherlei von dem abzuarbeiten, was aus Interesselosigkeit oder gar Abscheu zunächst vermieden sein sollte.

Insgesamt melden sich übers Träumen jene Seelenregionen, die im bisherigen Leben zu kurz gekommen sind, aber auch einiges, woran wir uns allzu heftig ausgeliefert haben. Deshalb muß nachgeschafft werden, damit das eigene Innenleben wiederum ausgeglichen ist.

Mit einem Seelenhaushalt sind wir da also befaßt. Jede Nacht wird eine vorläufige Bilanz gezogen. Irgendwelche Nachlässigkeiten und ebenso die Übertreibungen schlagen uns sozusagen um die Ohren. Was nicht gesehen oder gehört sein wollte, veranstaltet nun erst recht ein ziemliches Theater.

Überhaupt ist das mehr als erstaunlich! Die meisten von uns würden sich nicht im geringsten zutrauen, eine kleine dramatische Szene zu verfassen. Die eigenen Seelentiefen jedoch produzieren jede Nacht eine Vielzahl von höchst komischen oder auch äußerst beklemmenden Bildfolgen. Nicht weniges findet sogar statt, ohne daß es danach erinnert wird.

Schon dies kann mit ein Grund sein, sich für derartige Seelenprozesse zu interessieren – weil wir andernfalls das meiste gar nicht mitvollziehen können. Nur mit offenem Fragesinn ist greifbar, was an schöpferischer Fülle uns Nacht für Nacht umspielt.

Es braucht eine kindlich staunende Unbefangenheit sich selber gegenüber, sonst sind wir blind dafür. Manchmal kann auch der Fall eintreten, daß sich die innere Bilderwelt deshalb entzieht, weil jemand zu stark Zugriff nehmen und alles bemerken wollte.

Sicherlich mögen viele Menschen bedauern, was da an Phantasiefülle gleich wieder verflüchtigt ist. Das bewahrt sie aber vor der umgekehrten Gefahr, die nicht unterschätzt sein darf, nämlich ein Überschwemmtwerden durch eine Bilderwelt, von der die Seele sich förmlich verfolgt sieht.

Weit öfter kommt das vor, als es richtig erkannt wird: daß einzelne Individuen fast besessen sind von einer Bildhaftigkeit, welche zwingende Handlungen veranlassen will. Dann rücken die Traumvorstellungen zu dicht ans Tagesleben heran und reden mancher Persönlichkeit gar ein, daß Bestimmtes unbedingt nötig oder anderem absolut auszuweichen sei.

Ehrliches Durchschauen erlaubt hier bereits, einer allzu großen Aufdringlichkeit standzuhalten, welche die Seelenbilder zuweilen besitzen, insbesondere wenn schon des öfteren gewohnheitsmäßig nachgegeben wurde. Mit suchtartigen Prozessen kann dies zusammenhängen und mitunter nur langsam abzubauen sein.

Überwiegend jedoch stellen die Träume für sich einen Kompensationsvorgang dar, wo eifrige Personen selber durchleiden, was sie andern zugefügt haben. Plötzlich erfahren diese sich im Traum selber als Opfer, dem tüchtig zugesetzt wird.

Mehr passive Naturen, welche sonst eher kuschen, können statt dessen mächtig auftrumpfen. In den Traumabläufen legen sie vielleicht ganz toll los und leben aus, was zuvor versagt geblieben ist. Dies stellt selbstverständlich keinen vollen Ausgleich dar. Aber einwandfrei wird demonstriert, daß noch völlig anderes in der Seele lebt.

Träume, wo jemand unterschiedlichste Räume durchschreitet, zeigen viele Ebenen, welche zum eigenen Wesen gehören. Unsere Seelenwohnung hat gewissermaßen zahlreiche Etagen, von dunklen Kellerzonen (gar Verliesen) bis zu hellsten Aussichtstürmen reichend.

Sobald sich während des Träumens die Stimmung wandelt, kann dies bedeuten, daß wir uns in einem anderen «Raum» befinden. Solch ein Bezug ist wechselseitig zu verstehen. Die eigene empfindungsmäßige Reaktion mag Folge einer besonderen Wesensebene sein, welche gerade berührt wurde, aber auch Anlaß für einen «Etagenwechsel».

Nicht nur Räumliches gerät im Traum in Bewegung. Auch die Zeit wird fließender, kann sich dehnen oder beschleunigen. Manchmal stecken wir in unglaublich langen Abläufen. Doch danach ist offensichtlich, daß dies nur eine relativ kurze Phase im Schlaf war.

Die Qualität der Erlebnisse bestimmt hierbei den Verlauf mit. Wenn sich Turbulenteres vollzieht, führt das zu einer zeitlichen Beschleunigung. Bei harmonischen Traumvorgängen erfährt alles Geschehen eher eine Verlangsamung.

Es kann auch irgendeine schreckliche Situation uns kaum mehr loslassen. Hinterher haben wir dadurch den

Eindruck, daß fast nur darin gesteckt wurde. Wertvolle träumerische Szenerien hingegen sind oft sehr flüchtig und wir erhaschen beinahe nichts davon. Schon ist alles wieder verduftet.

Reiche Mithilfe

Zumeist müßte gesagt werden: Es träumt etwas in mir, nicht ich bin das. Was ums eigene Seelenleben herum angesiedelt ist, tritt hervor. Einiges mag aus der Vergangenheit weiterwirken, was wir nur scheinbar hinter uns ließen. Doch dringen gleichzeitig Zukunftsvorbereitungen heran oder spielen herein.

Solange wir wach auf die augenblickliche Lebenslage ausgerichtet sind, gelangt dies nicht ins Bewußtsein. Erst müssen die Gegenwartsbezüge zurückgenommen sein, dann ist es möglich, an ausgedehnteren Zeit-Räumen teilzunehmen.

Dabei kann sogar etwas Berechtigtes aus der Unschärferelation der modernen Physik bestätigt werden: Je genauer wir Gegenwärtiges ins Auge fassen, desto ungewisser ist alles, was Vergangenes oder Kommendes betrifft. Wenn sich statt dessen das Verhältnis zum Hier und Jetzt lockert, treten mitunter sehr konkrete Wahrnehmungen in bezug auf Früheres beziehungsweise Zukünftiges auf.

Freilich müssen wir darauf verzichten, irgendwelchen zu direkten Einfluß darauf haben zu wollen. Sonst gelangt ein sehr verworrenes Gemisch hervor, wo Bilder aus nachwirkenden Tageserlebnissen sich mit dem vermengen, was längst zurückliegt oder sich ganz neu vorbereitet. Richtige

Verschlüsselungen haben dann die meisten Traumereignisse durchgemacht.

Sehr Absurdes kann sich deswegen kundgeben, wo die vielfältigsten Tendenzen unseres Daseins von leiblicher und sozialer Seite her zusammenstoßen, einschließlich verschiedenster geistiger Komponenten. Allertiefstes tönt mit. Dann kommt wieder völliger Unsinn zum Vorschein.

Immerhin tritt das völlig unkontrolliert auf. Wir dürfen ein Vertrauen haben, daß sich schon zeigen wird, falls etwas Bedeutsameres zum Ausdruck kommt. Diesbezügliche Träume werden nicht so schnell vergessen, ja, sie stehen manchmal Jahrzehnte später lebendig vor dem inneren Auge, sobald eine Anknüpfung daran auftritt.

Dagegen ist es bei Nonsens-Träumen nur gut, daß sie sich schnell auflösen. Eben war noch alles voll da – und im Nu kann es gänzlich verschwunden sein, ohne Spuren zu hinterlassen.

Das hat sich ausgelebt und ging zu Ende. Die Seele ist entlastet, ja offen für neue Erfahrungen, auch wenn etwas zuvor als ein heftiges inneres Unwetter gelten konnte – mit reinigendem Effekt. Jedoch ist möglich, daß vieles vom Tagesleben weit intensiver nachwirkt, als wir dies zunächst zur Kenntnis nahmen. Es schafft mitunter recht heftig in der Nacht weiter und läßt uns kaum Ruhe finden.

Ziemlich häufig klingen daneben bereits zukünftige Ereignisse auf. Im Traum oder auch sonst des nachts werden spätere Begebenheiten wie keimhaft veranlagt. Bisweilen ist ein energisches Sich-Aufraffen nötig, um gut ins neue Tageswerk hineinzugelangen. Genauso kann deswegen aber eine intensivere Aufmerksamkeit vorhanden sein, welche uns bestimmte Vorgänge erst richtig bemerken läßt.

Wichtige Hinweise oder gar Warnungen können in Traumbotschaften einverwoben sein. Dennoch müssen wir entschieden das Wachbewußtsein ergreifen. Sonst entgeht uns, was sich tagsüber anschließt. Wir sind dann nicht recht anwesend bei Begegnungen und reagieren aus Impulsen, die keine freie Entscheidung beinhalten.

Schon beim Einkaufen geht es einzelnen Personen so, daß ihnen Produkte aufgeredet werden, die sich hinterher als unbrauchbar erweisen. Oder sie haben sich diese ganz anders vorgestellt, als der tatsächliche Nutzen ist. Im Geschäft erfolgte ein traumhaftes Eingewickeltsein. Zu spät kam dann das eigentliche Erwachen.

Ebenso mag es sein, daß etwas riesige Angst macht und bestimmte Menschen geradezu in Panik geraten vor besonderen Anlässen. Was mehr zur Nacht gehört, mischt sich ins Tagesgeschehen ein. Das kann große seelische Irritationen erzeugen.

In Extremfällen wird uns eingeredet, daß alles verkehrt sei, was wir vollbringen. Eine Sphäre der Negativität umgibt vorübergehend manche Menschen. Wenn sie nicht durch gute Begegnungen oder sinnvolle Tätigkeiten herausgerissen sind, mag dies wie eine Umnachtung wirken und trägt zu gefährlichen Kurzschlußreaktionen bei.

Hier wäre unbedingt rechtzeitige Hilfe nötig, welche verhindert, daß jemand allzusehr in ein heikles Vorstellen einsteigt und kaum herausfindet. Wie im Märchen hat die Seele sich sozusagen im finsteren Wald verirrt.

Ein kleines Zeichen kann ja eventuell genügen, um weiterzukommen. Doch muß dieses in der passenden Weise gegeben werden. Gelegentlich fallen belastende Erlebnisse durch gute Gespräche schlagartig von einem ab. Es ist aber nicht auszuschließen, daß jahrelange Bemühung gefordert sein mag, um sich von manchem Irrigen zu befreien.

Mitunter reicht schon aus, wenn wir wissen, etwas war nur ein schlechter Traum oder eine täuschende Einbildung – und schon löst sich das von einem. Trotzdem muß auch aufgepaßt werden, ob nicht ein verborgener Alpdruck fortdauert und gar organische Beeinträchtigungen zur Folge hat.

Sehr unterstützend kann sein, wenn es dem Menschen gelingt, ungute Seelentendenzen aufzufangen und beispielsweise problematische Traumbilder so umzubilden, daß etwas Angenehmes daraus resultiert oder schlechte Einwirkungen sich zurückziehen müssen. Detaillierte Schilderungen auch hierzu sind in den folgenden Abschnitten reichlich gegeben. Zu betonen ist dabei, daß diesem Text Äußerungen von Menschen mannigfaltigster Herkunft zugrunde liegen und dem Verfasser anvertraut wurden.

Welcher Reichtum an innerer Regsamkeit allnächtlich am Werke ist, kann uns wahrlich zum Staunen bringen. Zwar leben wir in einer ganz technisch-nüchternen Zeit. Im Verborgenen laufen die intensivsten Seelendramen ab.

Wenn direkt gefragt würde, wären die jeweiligen Personen überwiegend der Meinung, sie hätten gar kein Talent, um auch nur die einfachsten Schauspiele zu inszenieren. Sie brauchen sich bloß hinzulegen, um ins Land der nächtlichen Traumphantasien zu gelangen – schon erfließt das in einer phänomenalen Fülle.

Beim Erkunden dieser seelischen Landschaften und Begebenheiten kamen Berichte von Menschen aus vielen Ländern sowie aller Altersstufen auf mich zu, angefangen von Kindern, die bereits sehr geplagt sein können von beklemmenden Traumvorgängen, aber oft äußerst lichtvolle Erlebnisse darbringen. Deutlich war auch, daß Frauen es leichter haben, darüber zu berichten.

Solches kann darauf weisen, wie das Feld der Seele ein weiblicheres Erfahrungsgebiet ist. Mögen also Männer mehr von dem erzählen, was sich auf der äußeren Landkarte zugetragen hat, so müssen desto notwendiger Mitteilungen von Frauen dazutreten, wenn es um das Kennenlernen dessen geht, wie dazugehörige «Innenräume» aussehen.

Jede Seele trägt hier eine besondere Gestaltung, Farbe oder Bewegtheit bei. Männer sind gleichfalls stark mitwirkend, nur haben sie es schwerer, etwas davon mitzubekommen oder darzustellen.

Eine echte Unterstützung kann dadurch gelingen, daß wir den Erzählungen von Träumen fremder Menschen lauschen. Das vermag manches Erinnern anzuregen. Plötzlich dämmert einem: Ähnliches kennst du vom eigenen Miterleben – nur war das allzu flink aus dem Gedächtnis entschwunden.

Und es ist nicht bloß so, daß die Erinnerung zurückgeholt wird über den gemeinsamen Austausch. Sondern es zeigen sich daraus auch Deutungsmöglichkeiten, beziehungsweise wir sind schnell kuriert von einseitigen Interpretationen.

Wie sonst Buchstaben nur aus ihrer Verbindung heraus einen Sinn ergeben – sogar, wenn etwas bruchstückhaft überliefert ist –, dürfen einzelne Bilder nicht für sich genommen werden. Vielmehr bedarf es einer Zusammenschau und gegenseitigen Beleuchtung, um zu erfassen, worauf Geträumtes hindeuten will.

Was hereinraunt oder dahinter lebt, ist erst die eigentliche Botschaft, nicht der vordergründige Bildablauf. Welche Stimmung sich ausspricht, kann viel entscheidender sein, als daß wir zu sehr an Einzelszenen hängen, egal, wie großartig oder verderblich sie sind.

Bloß intellektuelles Spekulieren ist hier genauso abwegig wie verallgemeinernde symbolische Deutungen. Wenn zwei Menschen ganz ähnliche Szenerien benutzen, kann dies zwar gelegentlich verwandte Erlebnisse ausdrücken, aber genauso ganz verschiedene, sogar gegenteilige Prozesse bedeuten. Im einen Fall mag das Sterbegeschehen zeigen, daß zu sehr am Alten gehangen wird, im anderen jedoch, wie jemand gerade von todesbezogenen Kräften loskommt.

Sollte etwas allzu massiv auftreten, die Seele richtiggehend bedrängen oder mit beklemmenden Bildern verfolgen, kann es deswegen höchst empfehlenswert sein, das mit einem anderen Menschen durchzusprechen, gar in therapeutischen Austausch einzutreten, wo eventuell Traumgehalte aufgeschlüsselt und einzeln durchgespielt werden, um zum Beispiel herauszubekommen, was bestimmte Angstgefühle einem sagen wollen.

Der Traum benutzt Bilder in der Art, wie ein Maler mit Farben umgeht. Manchmal kann eine sehr konkrete Aussage vermittelt werden. Häufig ist allerdings etwas dargestellt, das sich in Worten gar nicht zum Ausdruck bringen ließe, eben eine Verdichtung von vielerlei Einflüssen.

Als Vergleich damit kann die Wolkenbildung dienen. Der gesamte atmosphärische Zustand gerinnt zu einer verdichteten Erscheinungsform, die bisweilen lange nachhängt, sich manchmal jedoch auch schnell wieder aufzulösen oder vorbeizuziehen vermag.

An den Wolken ist nichts fest. Trotzdem sind enorme Auswirkungen da, die sehr unterschiedlich zu bewerten sein können. Zuweilen stört das, weil Verdüsterndes sich vorgelagert hat und die Sonne verhüllt. So dazwischengeschoben treten einzelne Träume auf. Zwar stehen hinter ihnen reinste Lichteswelten. Wir schaffen es aber höchstens, einen Abglanz davon mitzubekommen, der zudem mitunter als sehr belastet gelten kann.

Ohne die Wolken würden uns allerdings die Niederschläge fehlen. Vieles müßte verdorren. Insofern muß sich gerade was vorlagern, um uns überhaupt erreichen oder berühren zu können, auf daß fruchtbares Wachstum gelingt.

So sollten Träume als notwendiger Ballast gelten, der die Seele anregt oder zuweilen umwälzt, damit sie weiterhin berührbar ist gegenüber höheren Belangen. Etwas arbeitet jede Nacht an uns, auf daß wir überhaupt fähig bleiben für geistiges Befruchtetwerden.

In der Wolkenbildung enthüllt sich, was von der Erde aufsteigt. Aber es ist hervorgerufen und bereichert durch Sonnenkräfte. Dementsprechend künden die Träume von vielem, was sich zwischen unserem sinneshaften Tagesdasein und einem überwiegend noch in der Nacht liegenden, unsagbar reichen Geisteskosmos ereignet.

Im Zwischenbereich von Wachen und Schlafen

Ein Junge hat einen Traum, in dem er immer schneller läuft. Schließlich kann er abheben, so daß ihn seine Freunde nicht mehr finden. Jemand anderer vermag stets größere Schritte zu machen und noch weiter auszugreifen, bis er seine Bekannten völlig hinter sich läßt.

Das sind Traumbilder, die direkt auf den Einschlafvorgang bezogen sein können. Auch wurde mal von einem Schiff erzählt, das zu schwanken begann. Diese Bewegung steigerte sich, bis zuletzt damit ein Fortfliegen geschah.

Wer denkt da nicht an Kinderwiegen, wo das ruhige, langsame Schwanken hilft, daß ein harmonischer, geordneter Übergang in den Schlaf stattfinden kann! Bei Erwachsenen läßt sich mehr innerlich nachhelfen durch monotonen Gleichklang (siehe das sprichwörtliche Schafezählen), wodurch sich die Seele in den Schlaf wiegt.

Nicht immer gelingt ein völliges Ablösen. Dann kann zum Beispiel die träumerische Situation auftreten, wie jemand nur in einer bestimmten Höhe schwebt, aber nicht weiter. Das mag damit zusammenhängen, daß plötzlich etwas hiervon mitbekommen wird oder sogar eine gewisse Angst vor dem Loslassen hinzutritt.

Noch dramatischere Bilder können auftreten: Ein Mann, der schon mit einer gewissen Strenge seelisch an sich gearbeitet hat, erlebte sich einen Abhang herunterrollend. Als der Rand zu einem tiefen Abgrund nahe war, erfolgte jedoch ein Abheben. Im Emporfliegen ist auf die Erde zurückzuschauen gewesen, die unter ihm lag.

Es kann auch ein umgekehrtes Lauferlebnis eintreten, wo ein Mensch stets intensivere Anstrengungen zum Fortbewegen macht, aber nicht mehr von der Stelle kommt. Jetzt hat er sich wieder eingeholt beziehungsweise ist zu jenem Zustand leiblich-irdischer Gebundenheit zurückgekehrt, in dem kaum noch etwas zu bewegen ist – während zuvor alles veränderbar erschien.

Das ist die Richtung zum Erwachen hin. Es kann geschehen, daß ein Buch gesehen wird. Bei dem Versuch, genauer hinzuschauen und lesen zu wollen, wird ebenfalls aufgewacht. Dies holt einen also richtig herein.

Sehr elegant war dann jener Ablauf, wo der Träumende schwungvoll durch eine Etage und die nächste immer tiefer pendelte. Als er unten auftraf, ereignete sich ebenfalls ein Aufwachen. Hier konnte gewissermaßen der Weg durch das ganze eigene Wesensgefüge mitvollzogen werden, bis endlich der physische Leib ihn voll zu sich brachte.

Ähnlich kann ein Traum verstanden werden, wo es mit dem Fahrrad durch eine Landschaft ging, die plötzlich nachgab und verschwand. Eine nächste Landschaft tauchte auf und entzog sich auch wieder. Zuletzt war noch ein kleiner Auftrieb. Der Durchreisende landete auf einer Wiese, mitten unter Tieren – sozusagen innerhalb jener Triebwelt, mit welcher er nun mal zusammenlebt. Diese weideten in dem Falle recht friedlich.

Komplizierter war die Szenerie in einem weiteren Erlebnis desselben Träumers. Da fuhr ein Eisenbahnzug durch einen anderen hindurch. Solch eine Durchdringung kann auch als Hinweis darauf gelten, wie sich physisch-ätherischer und astralisch-ichhafter Wesensteil verbinden, nachdem nächtlicherweile eine Auseinandergliederung eingetreten ist.

Bei einem weiteren Aufwachtraum fand ein Herabsturz von einer Steilküste statt. Dennoch war dies kein Unglück. Obwohl das Wasser nicht besonders tief war, erlaubte es ein gutes Auffangen. Der betreffende Mensch erlebte dies als angenehmes Auf-und-ab-Wogen.

Zwar ist das morgendliche Erwachen mit einem Sturz aus ziemlichen Höhen vergleichbar. Trotzdem kann es sein, daß wir uns zuverlässig und eher wohltuend aufgefangen fühlen.

Sind Ängste dabei, verändert sich das Erlebnis. So träumte ein Kind, daß es dauernd fällt, ohne irgendwo anzukommen. Hier wurde auch der Lockerungszustand mitbekommen. Wegen einer Verunsicherung dabei ist aber nur dieser erfahrbar gewesen.

Solche Fall-Erlebnisse können genauso mit dem Übergang in den Schlaf hinein zusammenhängen. Fehlt ein ängstliches Gefühl, trägt dies in tiefe Nachtdimensionen hinein. Oder es mag das Bild von einem Tunnel auftreten, welcher zu durchschreiten ist.

Dasselbe Bild kann auch in anderen Situationen auftreten. Durch einen engen Tunnel mußte ein Träumender durchkommen. Danach waren bei ihm sehr befreiende Gefühle vorhanden. Bei diesem Menschen ist der Tunnel ein Ausdruck für eine Lebenskrise insgesamt gewesen, welche zu meistern war. Bald darauf erfolgte das Kennenlernen einer neuen geistigen Weltsicht. Die Begegnung mit der Anthroposophie ergab sich.

Veränderte Raumverhältnisse in den Traumbildern können unmittelbarer Ausdruck von seelischen Empfindungen sein. Wenn ein Mensch kleiner wird, die Dinge um ihn aber immer größer sind, so mag das als Zeugnis dafür gelten, wie im Irdischen die Relationen sind. Hier fühlt sich unsereins oft reduziert, während im Schlafzustand unsere Seele riesig ausgeweitet ist und eine recht winzig erscheinende Außenwelt zurückläßt.

Eben war alles noch so großzügig und weitläufig. Nach dem Aufwachen herrscht wieder allerlei Kleinliches vor. Aus diesem Grund klingen dann Gefühle nach, die auf uns so wirken, daß wir etwas versäumt oder vergessen hätten, ja als ob etwas passiert wäre. In Wirklichkeit wurde seelische Weite sowie Beweglichkeit eingebüßt.

Ein erneutes Lösen kann dann zeigen, daß jemand in elegantester Weise auf schmalsten Balkongittern herumbalanciert. Trotz akrobatischer Leistungen braucht keinerlei Absturz zu befürchten sein. Die Seele ist wahrlich ein Bewegungskünstler in jedem!

Der Weltbezug gerät in Fluß

Treten im Traum Erlebnisse des Ertrinkens auf, kann das Ausdruck eines erneuten Zurückkommens in die Körperlichkeit sein. Unsere Bildekräfteorganisation ist verwandt mit allem Wäßrigen. Wie die innere Flüssigkeitsbeziehung erscheint, das verrät Näheres über die Beschaffenheit des eigenen Ätherleibes.

Wenn im Traum das Vorandringen im Wasser sehr leicht vonstatten geht, drückt sich darin aus, daß wir erst den Bildekräftebereich berühren und noch nicht voll im physischen Leib stecken. Zuweilen gelingt ein flottes Entlangflitzen über einen Fluß.

Es mag jedoch auch ein zäher Wasserwiderstand gespürt werden. So variabel kann das Verhältnis zum eigenen Lebensorganismus sein. Wie bei sonstigen Träumen mögen weitere Bildbezüge beteiligt sein.

So kann sich jemand in einer Eisenbahn befinden, welche mit abenteuerlichem Tempo durch eine überschwemmte Gegend jagt. Nach dem Erwachen klärt sich, daß ein körperliches Schwitzen erfolgt war und mit dem Traumbild zusammenhängt.

Oder es vollzieht sich ein Hubschrauberflug, verbunden mit den tollsten Rettungsaktionen entlang eines Flußgebiets. Dies kann ein dramatischerer Aufwachtraum sein. Das Erleben solch eines dröhnenden Fluggerätes mag zusätzlich durch von außen kommende Geräusche verursacht sein.

Ein Träumer hatte das Gefühl, im Feuer zu stecken. Beim Aufwachen enthüllte sich, daß es im Bett sehr warm war. Einmal traten auch Bilder auf, wo jemand von einer Hexe gefesselt gewesen ist – und nachher wurde deutlich, wie nur eine schwere Bettdecke drückte.

Bei einem Kind war es im Traum, daß das Bett brannte. Im Halbschlaf eilte es verschreckt zu den Eltern. Am Morgen ließ sich hohes Fieber messen. Im Traumvorgang mag schon ein Vorgefühl vorhanden gewesen sein.

Grausam dünken kann das Bild, welches ein Mann hatte, dem im Traum ein Fuß abgenommen werden sollte. Als er deswegen aufwachte, hing ein Bein aus dem Bett und war «eingeschlafen». Das heißt, der Ätherleib hatte sich aufgrund einseitigen Druckes zurückgezogen. (Beim neuerlichen Zurückdringen ist das bekannte kribbelige Gefühl vorhanden.)

Nicht wenige Träume, in denen wir mit Baustellen, gar Schlössern oder nur Ruinen zu tun haben, verraten ebenfalls einiges vom Verhältnis zur eigenen Leiblichkeit – wie gut darinnengesteckt wird beziehungsweise welche Wandlungen, auch Vernachlässigungen erfolgen. Es kann genauso sein, daß ein Auto im Traum platte Reifen hat und dies besagen will, jemand solle mal wieder etwas pausieren.

Eine mit Anthroposophie verbundene Dame fährt im Traum des öfteren selber das Auto – obwohl sie keinen Führerschein hat und nie im Leben daran denken würde. Wie geht das an? Solches braucht gar nicht zu verwundern!

Betreffende Dame war natürlich häufig Mitfahrerin. Als solche nahm sie den am Steuer sitzenden Menschen desto intensiver wahr. Ihr Erleben war also mehr dort. So stark wirkt nun mal unser Identifizieren. Wenn ein fremder Mensch den eigenen Wagen lenkt, ist dies auch besonders heftig zu verspüren, gar schmerzlich erlebbar.

Im Traum sind wir dann selber, was sich mit uns vollzog. Unser Wesen steckte in astralischer Zuwendung. Weil das Wahrnehmen dabei allerlei Wechsel oder Sprünge durchmacht, braucht es nicht zu verwundern, wenn der träumerische Nachklang sozusagen Purzelbäume schlägt.

Trotz der Verworrenheit und Komplexität haben nächtliche Bildwelten durchaus eine geheime, mitunter geradezu frappierende Logik – die von eigenen Empfindungsreaktionen beeinflußt sein kann. So erzählte ein Mensch, daß sein Traum plötzlich nur noch schwarzweiß erschien, als eine bedrängende Phase auftrat. Danach ging es wieder farbig weiter.

Viele wissen gar nicht, ob sie überhaupt jemals etwas Buntes in ihren Träumen hatten. Vielleicht wurde darauf nur noch nie geachtet! Bei dem erwähnten Schwarzweiß-Durchgang kann es sein, daß er eine kopfmäßige Verengung ausdrückte – welche mit Ängstlichkeit korrespondiert. Nachher strömt wieder gesamtheitlicheres Erleben hinzu, in farbiger Fülle.

Es mögen auch nur einzelne Farben im Traum auffallen. So konnte jemand nur von der Erfahrung eines Rot berichten. Das hing wohl mit einer heftigeren Gefühlsäußerung zusammen.

Hingegen trat bei einer weiteren Person ein Blau auf, wie es im äußeren Leben in dieser Qualität noch nie erfahren wurde. Solche Erlebnishintergründe müssen bei vielen Malern mitwirken, welche farbige Gestaltungen hervorzaubern, die alles überstrahlen, was bisher sichtbar war.

Daß manche Betrachter solch ein Bild nicht mehr vergessen, kann ebenso eine Bestätigung dafür sein, wie eine höhere Wirklichkeit an dem Gemalten mitgeschaffen hat, die dem äußeren Naturwerden vorausgeht. Hiermit ist also mancher Träumende im Austausch.

Einige Menschen haben entsprechende Wahrnehmungen im tönenden Bereich, indem sie in ein Klangreich eintauchen, welches alles übertrifft, was an sinnlich hervortretender Musik bekannt war. Da wird unmittelbar jener schöpferischen Weltensphäre begegnet, aus welcher jeder tiefer berührte Komponist seine Inspirationen empfing. Hierbei öffnet sich die Seele einer noch tieferen Ebene, die dem Bildwechsel selber zugrunde liegt.

Den Übergang zwischen Tönen und Bildern konnte ein Mensch schildern, der tagsüber Klangübungen in einer Schule mitmachte. In der Nacht verwandelte sich in einen regelrechten Farbreigen, was an tönenden Eindrücken mitgenommen worden war.

Ängste verarbeiten, Alpträumen trotzen

Wie die Menschenseele mit Tiefen verbunden ist, welche uns lebendige Speisung sein können, dafür geben auch Traumbilder Kunde, etwa bestimmte, so zu nennende Kellerträume. Diese sind Ausdruck für das, womit wir im Unterbewußtsein in Beziehung stehen.

Jemand träumte von einem Keller, der zwar kühl war, aber auch hell. Es sind dort viele Gläser mit prächtigen Früchten vorhanden gewesen – die es sozusagen als verborgener Seelenvorrat zu nutzen galt.

Sehr lehrreich war folgendes Traumgeschehen. Ein Mensch bekommt den Auftrag, in einer Kathedrale die Treppe nach oben zu suchen. Er findet jedoch nur eine hinunterführende und stößt auf eine Art von Krypta.

Dort unten erst ist jene Treppe auffindbar, welche in die Höhe führt. So verrät das Traumbild eine tief esoterische Wahrheit: Nur über die eigenen Seelentiefen findest du den Weg zu den Geisteshöhen.

Doch davor existiert mancherlei Furcht, welche zunächst bewältigt sein muß. Dies mag als echte Seelenprüfung empfindbar sein, welche sich im Traumleben durch Verwandlungsprozesse ausdrücken kann.

Verschiedenartigste Szenen, die mit irgendwelchen sich wandelnden Bauten zu tun haben, können dies bezeugen. So erschien einem Träumenden erst ein kleines Haus, noch dazu sehr hinfällig. Mit der Zeit aber wurde es immer gefüllter und größer. Am Ende erwies sich alles wie ein Warenhaus. Jetzt war eher zuviel enthalten.

Dem Träumer ist ohne weiteres klar, daß darin eigene Veränderungen zum Ausdruck gelangten. Die Seele hatte eine Verwahrlosung überwunden, konnte mehr geben und war fast schon wieder zu aufgeblasen.

Ganz anders der Traum, wo Gäste erwartet werden und nicht genug zum Anbieten für sie da ist. Das kann generell als Zeichen einer Befürchtung genommen werden, den Ansprüchen anderer nicht zu genügen.

Solches geht in die Richtung von vielerlei Versagens-Träumen, wo beispielsweise jemand vergessen hat, sich richtig anzuziehen, und in Unterhosen vor einer erlauchten Zuschauerschar dasteht. Irgendwelche vorhandenen Ängste vor einem Blamieren nehmen solche Bildgestalt an.

Da ist jemand schon auf dem Flughafen, will zur Auslandsreise starten und stellt fest, daß der Paß vergessen wurde. Irgendwann geschah dies vielleicht mal früher. Oder es trat bei einem bestimmten Menschen später ein. Der diesbezügliche Traum mag trotzdem noch des öfteren wiederkehren, weil tiefersitzende Ängste existieren.

Es kann auch sein, daß jemand immer wieder bei der Prüfung durchfällt und erschreckt aufwacht. Im tatsächlichen Leben ist dieselbe eventuell längst bestanden worden. Aber in der Seele ließ die entsprechende Tortur Verletzungen zurück, die einen immer wieder angstvoll einholen. In Rußland zum Beispiel sind solche Traumszenen gut bekannt, wohl weil solche Gängelung gravierendere Seelenfolgen hinterläßt – im Vergleich zum abgebrühteren (coolen) Westmenschen.

Erst recht ist nach der Entlassung aus Straflagern bekannt, daß schreckliche Zumutungen im Innern weiterwühlen. Die Seele kann davon noch lange Zeit geplagt sein, obwohl die äußere Bedrängnis weit zurückliegt.

Allerdings ist Umgekehrtes möglich, wo jemand das Thema seiner möglichen Examensarbeit träumte. Als dieses dem Professor genannt wurde, akzeptierte er es nicht nur sogleich, sondern schlug noch eine Gliederung vor fürs Vorgehen dabei.

Ein älterer Schüler saß stundenlang vor einer Mathematikaufgabe und kam kaum weiter. Im Traum hat er die Lösung vor sich. Am nächsten Morgen konnte sie dann ausgeführt werden. Sicher gehört solches zu den Ausnahmeträumen, doch diese sind durchaus auch eine Realität.

Nochmals zurück zu den Angstträumen. Ein Mensch, der zu einer übertriebenen Reinlichkeit angetrieben war und dem vor allem das Rülpsen drohentlich untersagt wurde, hatte folgenden Traum: Ihm stieg aus dem Abflußrohr ein Ungetüm entgegen.

Was dieser Mensch also bei sich durch äußeres Gezwungensein zu unterdrücken hatte, kleidet sich dann in ein erschreckendes Bild – deshalb, weil ständig die Angst vorhanden war, daß er vielleicht doch mal rülpsen müßte.

Im Traum sprach jemand andauernd zu seinen Mitmenschen, aber sie hörten ihn nicht. In dem erzählten Fall war es nur eine Befürchtung, die sich so verarbeiten oder kompensieren ließ. Danach zeigte sich, daß ihm sehr wohl zugehört wurde – was keineswegs selbstverständlich ist.

Vom Bild her übertrieben erscheint dieser Vorgang: Ein Mensch erlebte im Traum, wie ihm durchs Schlüsselloch ein Gas ins Zimmer geleitet wurde. Er konnte nur durch ein Fenster entkommen.

Folgenden Hintergrund gab es: Derjenige, der dies geträumt hatte, wurde gerade aus einer sogenannten freien Einrichtung hinausgedrängt. Seine Seele erfuhr dies wie eine Vergasungsattacke, an welcher er innerlich fast erstickte.

Treten des öfteren ähnliche oder dieselben peinigenden Bilder auf, so kann von Alpträumen die Rede sein. Solche kamen immer wieder bei einer Frau vor, wo Haare, farbige Bänder oder sonst manches Unappetitliche aus dem Mund herausquoll.

Als sie ihre Lage im Rahmen eines Seminars über Anthroposophie und Psychotherapie darstellte, wurde sogleich offensichtlich, worauf das unangenehme Traumerleben zurückzuführen war: Die Frau wollte ihrem Partner vieles mitteilen. Doch der war schon draußen und hatte die Tür zugeschlagen, wenn von ihr nur zum Sprechen angesetzt wurde. Kein Wunder, daß manches sich bei ihr anstaute und des nachts hervorbrach.

Der ihr gegenübersitzende Psychotherapeut ermutigte die Frau nun, endlich einmal auszusprechen, was sie die ganze Zeit hatte «schlucken» müssen. Es kam erst zaghaft, aber durch zusätzliche Anregung immer heftiger heraus. Schließlich bebte der Körper so richtig.

Nach einigen Wochen war eine Wiederbegegnung mit dieser Frau möglich. Sie erzählte, daß der Alptraum nicht wiedergekehrt sei. Eine Gesprächsarbeit kann also bereits helfen, um vom entsprechenden Druck freizukommen.

Nachzutragen wäre, daß wohl die meisten Seminarteilnehmer sich in ihrer traumartigen Tagesphantasie einen ganz kalten, schrecklichen Mann vorgestellt hatten. Bei der späteren Begegnung war er dabei: von eher zarter Statur und sanftem Wesen. Jetzt wurde auch seine Situation voll verstehbar, nämlich wie ihn die innere Wucht seiner Partnerin schon angriff, wenn sie nur zum Reden ansetzte!

Ein empörendes Traumgeschehen machte mal eine Frau durch, die sich in der Toilette erlebte, wo sie ihr «Geschäft» stehend wie die Männer machte. Das war in einer Zeit, als ihr eigener Mann weg gewesen ist und sie noch seinen Platz im Familienleben ausfüllen sollte.

Sie erzählte den Traum einer Freundin. Letztere sprach sie viele Jahre später auf den Traum an. Da fehlte dieser Frau nicht nur jede Erinnerung. Sie wies von sich, je so etwas geträumt zu haben. Dermaßen fremd ist ihr also geworden, welch ein Zustand dies damals war.

Nicht wenige kennen das Gefühl, daß sie dringlich auf die Toilette sollten. Doch im Bett ist es ja so angenehm! Schließlich raffte sich ein damit ringender Jugendlicher doch auf, ging in die Toilette – und erwachte jäh im nassen Bett. Er hatte den Toilettengang nur geträumt!

Weil dies mehrfach vorkam, bereitete ihm dies nicht nur Kummer, vielmehr rang er sich durch zu einem hilfreichen Entschluß. Wenn er solches wieder träumte, so sagte er sich, wolle er sogleich aufwachen.

Dessen besann er sich dann. Als erneut ein Traum vom Gang zur Toilette anfing, erwachte der Jugendliche und stieg wirklich aus dem Bett. Lehrreich ist hierbei, daß er nicht Opfer der abrollenden Traumgeschichte blieb, sondern diese eine weckende Funktion aufgrund der gewandelten eigenen Einstellung erhielt.

Solche Eingriffe ins Traumgeschehen können auch von außen angeregt sein. So wurde jemand von einem Traum geplagt, wo er ständig einen Berg emporzusteigen hatte, aber niemals oben ankam. Da wirkten sicher Versagensängste herein, etwa von einem Karrierestreben, wo man sich endlos abzustrampeln hat und nie an ein Ende damit kommt.

Der Psychologe, dem dies berichtet wurde, schlug vor, den Traum abzuändern und sich vorzustellen, auf einer Anhöhe zu verweilen und mal die Aussicht zu genießen. Es könnte ein bestimmtes Niveau vollauf genügen für die eigenen Erwartungen, um anders weiterzumachen, ohne sich ständig äußerem Druck zu beugen.

Mitunter zeigt der Traumablauf selber bereits Auswege – doch wohl nur bei Menschen, die sich ihren Ängsten nicht völlig ausliefern. So fand mal ein Gejagtwerden statt. Der Träumende konnte nicht aus dem Haus entkommen, fand jedoch genügend Winkel oder Nischen, in welchen er sich versteckte.

Dies mag als Zeichen dafür gelten, daß jemand ständig durchs Leben jagt und erst zur Ruhe kommen muß, um wenigstens kleine Gelegenheiten nutzen zu können, welche sich zum Beispiel dadurch anbieten, daß auf einen Bus gewartet werden muß oder an einem schönen Fleckchen mit Natur vorbeizugehen ist und dies ein kurzes Aufatmen erlaubt.

Ähnlich steckte ein Träumender in einem Gewühl und konnte dieses nicht mehr aushalten. In der Not errichtete er träumend einen Kasten um sich herum, welcher ihn schützte. Das kann staunenswerter Bildausdruck dafür sein, wie eine ruhige innere Getragenheit hilft, um vom Alltagstreiben nicht überwältigt zu werden.

Notwendige Übersteigerung

Ein träumender Junge fühlte sich verfolgt und stieg auf einen Schrank. Er entdeckte, daß sich dort ein Raum nach dem anderen öffnete und vieles enthalten war, was er sich wünschte. Tatsächlich müssen wir uns ja manchmal nur etwas anders verhalten oder ein bißchen mehr anstrengen – schon liegen ganz neue Möglichkeiten vor uns.

Träume, wo Weggabelungen auftreten, können auf irgendwelche Entscheidungssituationen verweisen. So sieht ein Mann nach der einen Richtung ein Paar abbiegen, sich die Hand reichend. Er aber geht wie gewohnt den anderen Weg und gelangt an eine Schranke, hinter der Pferde weiden. Ihn überkommt Angst, daß sie ausschlagen.

Dies führte zum Aufwachen aus dem Traum. Bei einer psychologischen Gesprächsarbeit darüber war schnell klar, daß das Leben mit der eigenen Frau sehr im Gewohnheitstrott ist und deshalb eine Barriere und irgendwelche Gegenschläge zu erwarten sind. Vielleicht wäre es da doch besser, schon vorher mal das Verhalten zu wandeln.

Den eigenen Sohn erlebte ein Vater in einem Traumbild, wie er im Bad am Ertrinken war. Überall zogen sich elektrische Drähte ins Wasser hinein. Dieses nächtliche Erlebnis ängstigte so, daß endlich ein ernstes Gespräch mit dem Jungen geführt wurde in bezug auf eine Überwältigung durch zuviel elektronische Geräte – worin der Mensch förmlich wie untergehen kann.

Daß Träume auftreten, die mit einem Überfallenwerden zusammenhängen, muß schon deswegen nicht erstaunen, weil durch massenhafte Medienberichte diesbezügliche Ängste sich ausbreiten. Wenn jedoch im Traum das Gefühl völligen Ausgeliefertseins sich anschließt, so kann die Ursache darin liegen, daß der träumende Mensch in der Kindheit bereits Opfer von Gewalt oder gar sexuellem Mißbrauch war.

Oder es ist vielleicht auch nur die Angst da, etwas sagen zu wollen, aber in dem betreffenden Moment kein Wort herauszubringen. Eine Frau, die damit zu kämpfen hatte und mehrfach dahingehende Träume durchmachte, erzählte in einem Gesprächskreis darüber.

Hinterher merkte sie sogleich, daß ein Sprechen von ihr geschehen war – und das noch ohne jede Hemmung. Ihre ängstlichen Gefühle sind völlig vergessen gewesen, so sehr war die Frau in dem Austausch über Traumerlebnisse aufgegangen.

Vielleicht hat sie diesen unangenehmen Traumablauf insgesamt los, weil endlich gelang, über das Gehemmtsein zu reden und ihr Wesen deshalb nicht weiter daran gefesselt bleiben muß. Also kann ein ehrliches Gespräch über Schwierigkeiten, die uns des nachts plagen, gerade dazu verhelfen, daß wir leichter davon befreit sind.

Leider macht der Mensch sich selber oft viel vor. In der Nacht ist das nicht mehr so sehr wirksam. Da träumte ein Mann mittleren Alters, wie er das eigene Auftreten durch eine Kamera betrachtete. Beim Näherkommen des Gesichtes wird eine Maske nach der anderen heruntergerissen, damit die echte Person – was hindurchtönt – wahrnehmbar sein kann.

Jedoch dürfen wir uns auch nicht durch Träume irreführen lassen. Es gibt immer wieder sozusagen Koboldträume, welche dem Menschen einen Streich spielen wollen, wenn er sich abergläubisch daran hängt. So träumte eine Frau, sie solle nicht in einen bestimmten Vortrag gehen – welcher gerade über Träume handelte. Deshalb verabredete sie sich extra für den Abend mit einem Bekannten.

Als sie bei ihm eintraf, sagte dieser, sie solle doch mit ihm kommen. Und sie landete an der Stelle, wogegen sich das eigene Traumgeschehen aufgelehnt hatte, nämlich im Vortragsabend.

Solche Widerspenstigkeit kann mit dem doppelgängerischen Seelenteil im Menschen zusammenhängen, welcher das nicht will, was uns im Tieferen anspricht. Hiermit hat auch vieles zu tun, wo die Seele zwischen Freude und Trauer hin und her geworfen ist.

Bei einer Frau wogten ihre Gefühle so sehr, daß sie sich im Träumen abwechselnd bei einer Hochzeit erlebte oder einem Begräbniszug, wo kurioserweise der Leichnam fehlte.

Gut bekannt ist folgender Verlust im Traum: daß die Zähne ausfallen. Dann würde jemand sterben, sagen Leute in Österreich, Rußland oder sonstwo. Vielleicht kam dies früher gelegentlich vor, als die Menschen seelisch noch direkter aneinanderhingen.

Heutzutage sollte jeder Aberglaube schwinden und eine Vieldeutigkeit je nach individueller Färbung zugestanden sein. Darum sind Lexika für irgendwelche Traumsymbole eher altertümliche Relikte, sagen aber wenig über die Jetztzeit aus.

Es mag sein, daß jemand selber sehr verbissen ist – und sich der Traum gewissermaßen darüber lustig macht. Bei einem bestimmten Menschen trat das Zähneausfallen auf, als er in einer Phase großer Unkonzentriertheit war. Hier hatten die überzogenen Bilder wieder eine Warnfunktion. Aufzupassen wäre, daß nicht viel anderes entfällt.

Von einer menschlichen Verbindung kann dagegen noch etwas an einem hängen, obwohl äußerlich längst eine Trennung geschah. So hatte jemand noch fünfzehn Jahre nach einer Scheidung weiterhin in Träumen mit dem ehemaligen Partner zu tun. Manchmal bleibt gerade ein hartnäckiger Rest hängen, weil das Trennen sehr zwanghaft geschah.

Wenn Träume mit Todesmotiven vom Partner sich einstellen, wäre nicht gleich an äußeres Sterben zu denken. Es kann sogar sein, daß endlich die Zwanghaftigkeit in einer Beziehung losgelassen wurde. Unter Umständen ist deshalb sogar eine nähere Verbundenheit weiter möglich!

Nicht der Partner stirbt also. Etwas Tödliches im Beziehungsleben ist überwunden! Hierbei müssen die mitunter sehr derben Bilder sozusagen von einer Gegenläufigkeit her rückübersetzt werden. Das läßt sich ebenso von heftigen Märchenszenen sagen, wo völlig Verkehrtes zerbirst – und deshalb kann etwas gut weitergehen.

Eine Mutter träumte, sie hätte ihre kleine Tochter blutig geschlagen, bis sie wie tot war. Zur Zeit des Traumes war diese schon eine junge Frau im zwanzigsten Jahr. Jetzt sollte wohl endlich in ihr ein mündiger Mensch anerkannt und nicht starr am Bild vom kleinen Mädchen festgehalten werden.

Eine achtzehnjährige Schülerin in England hatte im Traum gleich zwei Särge unter ihren Armen mit sterbenden Kindern darin. Da war gewiß mit im Spiel, daß vom bisherigen Kindsein losgelassen werden sollte. Das ist nicht nur tragisch für sie zu erleben gewesen, sondern auch für die Umgebung.

Wenn im Traum mit Nahestehenden sich Schrecklichstes ereignet, kann dies als Zeugnis dafür gelten, wie einiges wegen einem allzu dichten Miteinander so herabgezerrt wurde, daß wir diesbezüglich einen Spiegel vorgeführt kriegen – der übertreibt, weil längst verschiedenste Mahnungen übergangen waren.

Es kann auch sein, daß einzelne Menschen sich wegen zuviel Nähe nicht mehr richtig wahrnehmen. Tritt dann ein Abstand ein, wird der andere wieder eher gespürt. So träumte eine Frau nur von ihrem Mann, wenn er unterwegs war. Ja, das ging so weit, daß sie dadurch einiges mitbekommen hat, was ihm gerade zustieß.

Zum Glück stimmt nicht immer alles so haargenau, wie es geträumt wird. Bei vielen schrecklichen Vorgängen, wo wir uns selber ziemlich daneben benehmen, läßt sich hinterher wieder aufatmen: Gottseidank war dies nur ein Traum!

Beispielsweise kann es sein, daß jemand einen eifersüchtigen Verdacht gegenüber einem Bekannten hat. Im Traum bläht sich das eigene Mißtrauen auf und der betreffende Mensch erscheint als schlimmer Magier. Solches geschieht mitunter ähnlich im Wachleben, wo durch ungute Vermutungen oder Gerüchte ein anderer sehr schief angeschaut wird. Die eigene Beeinflußbarkeit ist manchmal recht groß.

Bei einem Seminar in Spanien waren zwei innerlich starke Frauen dabei. Diese sind seltsam davon berührt gewesen, daß sie im Traum des öfteren mit Stieren zu kämpfen hatten. Vielleicht besitzt die spanische Mentalität mit ihrem impulsiven Willen doch etwas Stierverwandtes?

Dann ist dies ein passender Ort für den Stierkampf – eben in der Seele. Das Töten draußen wäre ein tragisches Ablenken von der eigentlichen Aufgabe des Spaniers, nämlich mit der inneren Stiernatur zu kämpfen. Mit dieser allerdings muß durchs ganze Leben gerungen werden. Sie läßt sich nicht einfach beseitigen.

Auch sonst mögen Träume auftreten, wo sich jemand mit Händen und Füßen gegen Tiere zu wehren hat. Das kann jenes Eintauchen in die eigene Triebnatur abbilden, welches jeden Morgen stattfindet, wenn der Leib neu ergriffen wird.

So sah sich ein Mensch mitten unter Schlangen, die ihm aber keine Angst machten. Dies weist darauf hin, daß bereits etwas gebändigt war im eigenen Inneren.

Ein anderes Traumbild, das mal auftrat, erinnert an mythologische Überlieferungen vom Kentauren oder der Sphinx: Tierhafte Gestalten erschienen, die aber einen menschlichen Oberkörper besaßen sowie ein Antlitz, welches sonst nur uns eigen ist.

Unsere innere Tierhaftigkeit müssen wir jeden Tag neu zurückdrängen und verwandeln lernen. In unsichtbarer Art stecken wir massiv darin. Ja, vielerlei Einflüsse, die sich von außen an den Menschen heranmachen, sind Reiz oder gar Nahrung fürs tierische Treiben in uns. Dieses gelangt in speziellen Träumen zum Vorschein. Doch kann auch schon manche Besänftigung vollzogen sein.

Kinder schmusen gerne mit ihrem Teddybären oder einem sonstigen Maskottchen. Es wird so ein netter Beistand vom symbolisierten, inneren Getier gesucht – um gewissermaßen nicht allein zu sein in einer oft viel gröber attackierenden Außenwelt.

Folgender Traum bestätigte eine Beschwichtigung der eigenen Tiergesellschaft. Wie in verschiedenen Märchen traten Tiere auf, die sprechen konnten. Es war ein Krokodil dabei, das nur stumpfe Zähne besaß und den Menschen gar zu liebkosen begann.

Sehr abstoßend demgegenüber dieses Traumgetier: Ratten, die an einem nagen. Später wurde offensichtlich, wie das in der Zeit gewesen ist, wo eine Krebskrankheit vermutlich gerade am Ausbrechen war.

Ähnlich träumte jemand, er sei von Dämonen angefallen. Hinterher zeigte sich, daß er krebskrank war. Dabei darf doch die Frage anklingen, ob nicht häufig etwas erst lange im Seelischen wühlt und als bildhafte Warnung hätte dienen können.

Von einer Frau in Rußland wurde geträumt, ihre Kinder seien krank. Das traf zunächst nicht zu, erwies sich aber später als richtig. Solch ein vorwegnehmendes Gespür hat mit viel mehr Träumen zu tun, als dies oberflächlich gesehen anzunehmen wäre.

Dazu ein Traum von einem Mann in Australien. Er sah sich händehaltend mit seiner Partnerin. Als er die Hand umwendete, erblickte er darin eine Bestie.

Bald darauf ergab sich ein heikler Trennungsprozeß mit schlimmen Kämpfen wegen dem weiteren Sehendürfen der gemeinsamen Tochter. Bestätigt wurde, daß das Traumgesicht bereits eine Vorbereitung darauf gewesen ist.

In einem vorherigen Traum war die Partnerin ins Krankenhaus gekommen. Und es ist zu vernehmen gewesen, sie leide unter einer Krankheit namens «Zusammenziehung». Dies sollte wohl besagen, wie sich die Seele verkrampft hatte.

Von einem weiteren Träumer wurde eine Stimme gehört, welche darauf hinwies, die Beziehung ginge bald zu Ende. Solches ergab sich dann. Das war dennoch als angebracht erfahrbar.

Zu jemand, der sich selber krank daliegend erlebte, ist gesagt worden, weil er so blaß erschien: «Will nicht ichen.» Als nachher mal in einem Schwächezustand das Bett zu hüten war, trat die Erinnerung an den Traum hinzu, verbunden mit dem Gedanken, es wäre nun wohl daran, größere Ichstärke zu entwickeln. Die Situation paßte exakt, sogar bis aufs rote Laken, von welchem schon geträumt wurde.

Wie tot sah sich ein Träumender. Sein Zustand plagte ihn sehr. Tatsächlich ergab sich dann eine Krankheit. Diese hatte jedoch eine heilsame Auswirkung. Das eigene Wesen war zu gelockert gewesen. Der Erkrankungsprozeß führte zum besseren Hereingeholtwerden.

Oft steht das Träumen mit inneren Grenzerfahrungen in Zusammenhang, wo die Seele hin und her geworfen ist, ja mancherlei Prüfungsprozeduren unterzogen wird. Jemand sah da schon dem eigenen Zug zur Beerdigung zu. Bevor diese jedoch vollzogen war, konnte der betreffende Mensch sich erheben und von dannen schreiten.

Mitunter treten richtige Schwellenöffnungen auf, wo sich bestätigt, daß der eigene Astralleib mit zukünftigen Ereignissen zusammenlebt. Wie sonst auf einem physischen Weg in überschaubaren Gegenden ein beträchtliches

Stück im voraus wahrzunehmen ist, kann träumend zuweilen einiges angeschaut werden, was sich für uns in Vorbereitung befindet oder anderswo schon anfängt.

Auf Zukünftiges reagieren

Ein Bauer sah sich im Traum bei einer landwirtschaftlichen Konferenz im Gespräch mit einem Kollegen. Daneben stand ein anderer Bekannter und lachte auf. Das war Wochen, bevor diese Begegnung sich wirklich in solchem Sinne vollzog.

Die lachende Person wurde dann gefragt und meinte, sie hätte sich erst ganz kurz vor Konferenzbeginn zur Teilnahme entschieden. Auf einer höheren Ebene mußte die Anbahnung aber schon weit länger geschehen sein.

Berichte von überräumlichen oder überzeitlichen Vorwegnahmen hat der Schreiber dieser Zeilen hundertfach persönlich zu hören bekommen. Bei fast jeder Gesprächsrunde mit Menschen über ihre Traumerlebnisse treten neue Beispiele hinzu, so daß sich wirklich sagen läßt, wie derartige Vorgänge weitaus verbreiteter sind, als es gemeinhin gedacht wird.

Dies heißt nicht, alles sei im voraus festgelegt. Doch läßt sich bei entschiedenem Voranpreschen ein bestimmter Weg nicht mehr sogleich verändern. Trotzdem gibt es immer Abwandlungsmöglichkeiten. Manchmal kann bei rechtzeitigem Aufmerken und Verarbeiten sogar Schlimmstes verhütbar sein.

Da zeigte ein schreckliches Nachterlebnis den Brand und Absturz eines Flugzeuges. Am Morgen wurde in den Nachrichten gemeldet, daß über Schottland ein Großraumjet explodiert war.

Nach einem anderen Traum von einem Flugzeugabsturz dauerte es zwei Tage, bis den Nachrichten zu entnehmen war, daß so etwas geschah. In dem Fall war es nicht bloß ein nächtliches Wahrnehmen von einem geschehenden Unglück, sondern ein vorheriges Erblicken dessen, was sich anbahnte.

Eine Mutter machte sich Sorgen wegen eines Kindes, das etwas leichtsinnig war. Sie träumte dann von einem Sturz. Es geschah bald darauf ein Herunterfallen von einem Baum, doch passierte nichts Schlimmeres.

Die Frage kann offenbleiben, wie weit ein inneres Anteilnehmen das abschwächte, weshalb vielleicht alles noch einigermaßen gutgegangen ist. Umgekehrt könnten zu ängstliche Gedanken eher einen negativen Einfluß ausüben.

So sah eine Hüttenwirtin in den Alpen die Frau, welche bei ihr einquartiert war, im Traum in einen Sturz verwickelt. Am nächsten Tag geriet diese auf einem Gletscher an eine Stelle, wo sie einen Schwächeanfall bekam und einige Zeit nicht voran oder zurück konnte. Jedoch ging es noch einmal gut.

Wohl existieren mannigfache Beispiele, wo jemand vorher von einem Unfall träumt – und dieser vollzieht sich genau so, wie dies zunächst im Bilde vor einem stand. Das zeigt an, daß schon ein intensiver Handlungsablauf vorlag, an welchem nicht ohne weiteres zu rütteln war. Nie dürfte aber gemeint werden, hier wäre generell nichts veränderbar.

Sehr eindringlich ist jener Traum gewesen, wo eine Frau sich erlebte, wie sie ein Todesurteil für ihren Mann und die

Tochter unterschrieb. Danach verunglückten beide ziemlich zur gleichen Zeit mit dem Auto an verschiedenen Orten. Sie kamen dennoch glimpflich davon. Hier wäre durchaus zu überlegen, ob der Traumvollzug etwas abgefangen hat, was vielleicht sogar aus früheren Zeiten nachwirkte.

Bei einer weiteren Frau saß ihr Vater im Traum plötzlich im Rollstuhl. Sie traf ihn dann auch so an. Er hatte im Krankenhaus eine schwere Nacht gehabt. Deshalb war für einige Tage die Rollstuhlbenutzung nötig. Nachher ging es wieder besser. Das Traumbild durfte also nicht als etwas Endgültiges hingenommen werden.

In Belgien träumte eine Mutter, daß sie mit ihrer Tochter in der Eisenbahn fuhr, aber der Zug kam nicht am Bestimmungsort an. Infolge der Beunruhigung wurde die Tochter, welche wegfahren wollte, so beredet, daß sie einen Tag später reiste. An dem Tage, wo sie ursprünglich hatte fahren wollen, trat ein Zugunglück auf der zu benutzenden Strecke auf.

Wie umkämpft manches ist, von dem das Traumgeschehen Wind bekommt, bezeugt folgender Ablauf: Eine Frau träumt von einem Autounfall, der dadurch passieren würde, daß etwas herunterfällt. Unterwegs mit dem Mann am nächsten Tag, redet sie dauernd auf ihn ein, er solle nicht so schnell fahren.

Nachdem eine ruhigere Landstraße erreicht ist, geht es ihr zu langsam. Jetzt meint die Frau, er solle doch etwas schneller fahren. Der Mann sagt nun, das ginge nicht, weil sie so nervös sei. Als bald darauf um eine Kurve gefahren wird, fällt eine Betonplatte von einem Lastwagen. Diese streift das Auto jedoch nur.

Das war noch einmal haarscharf daneben. Erst recht bei folgendem Vorfall: Eine Mutter träumte, ihr Sohn sei mit dem Fahrrad unterwegs und ein Ast treffe direkt sein Auge. Was tun? Einfach voller Angst bleiben?

Die Mutter versuchte ruhig zu beten. Als der Junge nach Hause kommt, berichtet er, daß sein Fahrrad auf dem Pflaster geschlittert wäre. Ein Ast streifte das Auge.

Solches bestätigt, daß die Zukunft mit gravierenden Problemen schwanger gehen kann. Wie sich dies im einzelnen auswirkt, hängt durchaus auch vom menschlichen Verhalten ab.

Mitunter muß eine Warnung sogar mehrfach erfolgen, bis endlich was kapiert wird. So war in einem Frauenjournal folgendes Traumbeispiel enthalten: Ein Mädchen hatte mehrmals den Traum, daß die Scheune des Bauernhofs in der Nachbarschaft von ihren Eltern brenne. Weil das Erlebnis so hartnäckig war, rief es schließlich im Elternhaus an. Dies veranlaßte ein Nachschauen. Nun konnte ein schwelendes Feuer entdeckt und ein größerer Brand verhindert werden.

In diesem besonderen Vorgang war also die Warnfunktion des Traumes wertvoller als eine Alarmbereitschaft der Feuerwehr. Trotzdem muß jeder Einzelfall für sich genommen und geprüft werden. Zum Beispiel träumte eine Frau, daß ein Vortragender am nächsten Tag einen Kuchen als Geschenk bekäme. Dieser sei vergiftet.

Zu aller Fassungslosigkeit: Eine Teilnehmerin brachte tatsächlich einen Kuchen mit. Also stimmte der Traum? Zum Glück war die Psyche der Träumerin etwas näher bekannt, die oft erstaunliche Ahnungen hatte, doch viel Eigenes beimischte.

Fraglos war ein Teil des Traumes zutreffend. Das Gift kam jedoch ganz anders, nämlich als Einbildung hinein. Es war eine Eifersucht der Träumerin auf die andere Frau beigemischt, weil letztere sich anheischig machte, dem Vortragenden etwas Gutes zu tun. Demnach ist zwar der reale Kuchen geträumt worden, jedoch ein Phantasiegift.

Derartiges ist für unsere Zeit nicht untypisch: daß Subjektives und Objektives mitunter beinahe bis zur Unkenntlichkeit verflochten sind. Genaue Beobachtung der Zusammenhänge ist nötig, um die jeweilige Lage beurteilen zu können. Auch deshalb also keine pauschalen, verallgemeinernden Deutungen. Es braucht eine jeweils ganz individualisierte oder spezifizierte Urteilskunst!

Erwartungen mit Korrekturen

Einen Ankündigungscharakter haben nicht wenige Träume. Sie können einen Menschen vorbereiten, sei es auf etwas Problematisches oder ganz außerordentlich Bedeutsames. Insbesondere gilt dies, wenn ein Menschenwesen sich neu inkarniert. So sah eine Frau ein Mädchen über eine Brücke schreiten. Sie wußte durch den Traum, daß eine Schwangerschaft anstand.

Ein andermal war es ein Teich, wo Fische nach Brot schnappten. Für die betreffende Frau ist sogleich klar gewesen, daß wieder ein Kind kommen würde.

Bei einer weiteren Mutter zeigte das Bild eine sehr leicht vor sich gehende Geburt, wo neben ihr ein Junge gestanden ist. Da hatte der Traum zeitlich stark ausgegriffen, wohl um zu ermutigen. Denn zuerst gelangte besagter

Junge unter viel schwierigeren Bedingungen zur Geburt. Jahre später, nach einer erneuten Schwangerschaft, ging es leichter. Dann stand, wie lange zuvor geträumt, das vorige Kind neben ihr.

Von einer Explosion im Haus kündete ein anderer Traum bei einer schwangeren Frau. Trotzdem brach sie ruhig ins Krankenhaus auf. Aber die Wehen setzten schon auf dem Weg dorthin ein und die Fruchtblase drohte zu platzen.

Durch ein Traumgeschehen wurde einer anderen Frau beigebracht, daß sie ihr Kind während der Schwangerschaft verliere. Ohne dies zu wissen, sagte die Tochter ihrer Mutter am nächsten Tag, sie würde das Kind sowieso nicht kriegen. Die Ärzte stellten eine solche Diagnose dann erst nach einigen Wochen. Mutter und Tochter hatten also beide vorher das diesbezügliche Erlebnis.

Damit verbundene Vorgänge können heftig nachwirken. Bei einer Frau, die ihr Kind frühzeitig verlor, folgten noch zahlreiche Träume, die mit viel Blut verbunden waren.

Unbedingt eine Tochter hatte sich eine Schwangere gewünscht. Geträumt wird jedoch von einem Jungen mit schmaler Gestalt. Zu hören ist ein Name, den sie sich überhaupt nicht vorstellen kann.

Tatsächlich kommt ein Junge. Dieser sieht mit zweieinhalb Jahren genauso aus, wie ihn das Vorausbild im Traum ankündigte. Trotz der vorherigen Abneigung erhielt er den zugeraunten Namen. Welche Widerstände mußten dazu überwunden werden! Das ging wohl nur mittels übersinnlicher Nachhilfe.

In Australien war eine Frau schwanger und wollte unbedingt wissen, ob es ein Mädchen oder ein Junge wird. Sie ging zu mehreren sogenannten sensitiven Menschen. Da wurde übereinstimmend ein Mädchen vorausgesagt.

Auf der gegenüberliegenden Seite der Erde, im südlichen Deutschland, hatte die Mutter von dieser Schwangeren einen Traum und sah ganz klar einen Jungen vor sich. Als sie nach der Geburt auf dem australischen Kontinent eintraf, war der Junge genau so zu erleben, wie es das Traumgesicht vor sie gestellt hatte, bis in die Kleidung hinein.

Hier ist also eine Verbindung um die halbe Erde weitaus eindeutiger oder innerlich näher gewesen als der etwas abergläubische Zirkel vor Ort. Wahrscheinlich waren dabei nur die Wünsche der Schwangeren gelesen worden.

Dieselbe Frau in Süddeutschland träumte auch, ihr Mann sei ein Kind und drohe irgendwo herunterzufallen. Sie versuchte ihn aufzufangen. Deswegen hatte sie sich im Bett bewegt, so daß ihr Mann, der neben ihr schlief, wach wurde. Er fragte: «Was ist denn los? Ich habe geträumt, ich sei ein Kind!»

Solche Vorgänge, wo das Traumgeschehen des einen Menschen auf das von einem anderen einwirkt, treten ausnahmsweise bei Menschen auf, die tiefere Bezüge zueinander besitzen. Früher ist es häufiger gewesen, wo alle mehr zusammenhingen. Bestimmte Naturvölker kennen dies noch, etwa die Samen (Lappen) in Nordeuropa.

Es gibt auch Fälle, wo eine Frau mit einem aufdringlicheren Mann nichts mehr zu tun haben will, er sich aber lüsternen Vorstellungen ihr gegenüber hingibt. Bisweilen sind des nachts dadurch verursachte astralische Attacken zu spüren. Demgegenüber sollte gelernt werden, sich eine schützende Hülle zu imaginieren, wo keine weiteren Angriffe durchdringen können.

Doch zurück zu Träumen, welche mit späteren Ereignissen verwoben sind und im Grunde jene geisteswissenschaftliche Aussage unzählige Male bestätigt haben, wonach der menschliche Astralleib mit Zukünftigem zusammenlebt. Rein naturwissenschaftlich ist das niemals faßbar, sondern nur, wenn wir zugeben, daß es nicht bloß eine Zeitrichtung gibt, wo Vergangenes fortwirkt, vielmehr auch eine andersgerichtete, die Kommendes heranträgt. Etwas ganz Banales kann dies auch betreffen, so bei einem Jungen mittleren Alters, der öfter im Traum sah, was am nächsten Tag zum Essen auf den Tisch kam.

Gewiß kann es sein, daß die Mutter sich schon ausgedacht hatte, was sie kochen wollte. Trotzdem ist das dann ein übersinnlicher Wahrnehmungsakt gewesen. Solches ist häufig bezeugt von Menschen, die an jemand denken, der sich lange nicht gemeldet hat – und prompt folgt ein Telefonanruf von ihm oder ein Brief in den nächsten Tagen.

Also wurde etwas beim Schreiben oder Absenden «vorausgeschickt». Weit seltener treten noch einige Bilder vom Briefinhalt auf. Dies kann dann sehr phantasievoll umgestaltet sein, während der tatsächliche Brief vielleicht dürftiger ist, wie das eine Frau in Finnland erzählte.

Mit ihren beiden Kindern und einem Besucher saß eine weitere Frau zu Tisch in einer Traumszene. Der Familienvater war auswärts. Nach zwei Jahren trat das Ereignis physisch-real ein. Dieser Vorgang übersteigt alle momentane übersinnliche Sensibilität. Er ist einer von zahlreichen Belegen, wonach zukünftige Ereignisse ein Vorausbild senden können.

Leider nur zu gut bekannt ist für nicht wenige Menschen, daß sie sich lange schlaflos wälzen, falls am nächsten

Tag ein wichtiges Ereignis bevorsteht. Sie leben schon intensiv darauf bezogen und sind damit beschäftigt, obwohl es erst erwartet wird.

Etwas sehr Tröstliches hat Rudolf Steiner darüber gesagt, wenn Menschen längere Zeit daliegen, ohne richtig Schlaf zu finden. Sofern es nicht unmittelbar organische Gründe hat oder auf Störungen der Umgebung beruht, kann dadurch bereits eine Linderung von zukünftigen leidvollen Belastungen erfolgen.

Insofern mag das eine durchaus wesentliche Aktivität sein, falls jemand nicht immer gleich ins Schlafen hineingleitet. Vielleicht arbeitet er manches im voraus ab, das ansonsten zu beschwerlich oder überhaupt nicht bewältigbar wäre.

Dennoch muß aufgepaßt werden, daß wir nie zu eng auf solche Vorgänge fixiert sind. Sonst kann es sein wie bei jenem Menschen, der träumt, jene andere Person, mit welcher eine Verabredung besteht, sei gekommen. Er steht auf, zieht sich an und bemerkt dann erst, daß dies nur eine Traumankündigung gewesen war.

Dagegen wurde im nördlichen Bayern geträumt, ein Bekannter sei in Nürnberg in einer Gaststätte eingetroffen. Jene Frau, welche dies nachts so erlebte, fuhr am nächsten Tag hin und hatte die vorausgeschaute Begegnung.

Solche Verabredungen über den Nachtbereich und die sogenannte Traumzeit sind von den australischen Ureinwohnern, den Aborigines, recht bekannt. Dort kann die Fernverbundenheit so groß sein, daß sogar manchmal noch mitbekommen wird, wenn sich unterwegs was ändert und ein anderer Ort nun Treffpunkt ist.

Des morgens hört ein Mann in Schweden im Halbschlaf einen Hilferuf. Er kommt von einem Freund. Der betreffende Mensch zieht sich an und eilt an den entfernten Wohnplatz des Freundes, der tatsächlich gerade in Schwierigkeiten mit fremden Personen ist. Natürlich war akustisch nichts übertragbar gewesen, sondern ein innerer Anruf.

So kann sich einiges zwischen miteinander verbundenen Seelen abspielen. Da hat ein Mann einen Traum, in dem er versucht, eine größere Anzahl von Menschen zu erreichen. Doch er schafft es kaum, weil sie so weit weg sind. Dies war zwar im Bild eine physische Entferntheit, doch wohl eher seelisch zu verstehen.

Am nächsten Tag folgte eine Begegnung mit einer polnischen Frau. Sie erzählte, von einer Menschenansammlung geträumt zu haben. Jemand sei weit weg auf einem Turm gewesen und konnte kaum mit seinem Anliegen durchdringen. Wo sich die beiden Menschen trafen, das war im Rahmen eines anthroposophischen Seminars, auf welches sich die gemeinsamen Traumbilder durchaus beziehen konnten.

Viele Begegnungen haben eine Vorbereitung und Nachwirkung auf nächtlicher Ebene. Ein Arzt, welcher große Mühe mit einem Menschen hatte, erfuhr im Traum noch eine Steigerung seiner diesbezüglichen Schwierigkeiten. Er spricht mit Freunden darüber. Als später wieder ein reales Zusammenkommen mit der betreffenden Person erfolgt, erweist sich, daß etwas wie gelöst ist.

Während eines Traums erlebte eine Frau ein Attackiertsein durch einen bestimmten Mann. Von letzterem folgt bald auch eine telefonische Anfrage, mit der er eine Verabredung durchsetzen will. Diese wird abgelehnt aufgrund des als warnend erlebten Signals – was natürlich nicht zu verallgemeinern wäre. Aber in dieser speziellen Angelegenheit war es ein früherer Liebhaber, von dem schon aggressive Handlungen bekannt gewesen sind.

Mitten in einem Bus, breit wie ein Großraumflugzeug, wurde im Traum eine Frau gesehen, wie sie clowneske Purzelbäume schlug. Einige Wochen später lernte diese Frau einen Menschen kennen, der Clownspiel betreibt. Sofort ist ihr klar, daß das nun ein Anliegen sein wird.

Eine weitere Traumankündigung ließ ein Gebäude erscheinen mit dreifacher Gliederung. Ein Teil sind mehr Wirtschaftsräume gewesen. Dann gab es einen größeren Begegnungsraum. Und zusätzlich gehörten noch kleinere Räume für mehr geistig-innerliches Arbeiten dazu. Nachher ließ sich ein ehemaliger Bauernhof finden, welcher auf eine neue Nutzung wartete und der geträumten Aufgliederung entsprach. Es kam noch als Name dazu: Haus für Europa.

Als während der achtziger Jahre Michail Gorbatschow von dem Haus Europa sprach, hatte der sozial engagierte Künstler Karlheinz Flau dafür einen Faltbogen entwickelt, mit drei Abteilungen: je einem linken und rechten Gebäudeflügel für Geistesleben sowie Wirtschaft, ferner einen mittleren fürs Recht jedes Menschen. Manchmal liegt ja etwas wie «in der Luft». Das wird von jemand anderem ohne äußere Bezugnahme aufgegriffen.

Zur Umstellung der eigenen Arbeit half ein Traum bei einem Landwirt, der mit konventionellen Mitteln tätig war. Geträumt wurde, daß er dies ändern sollte. Als er mit der

Eisenbahn unterwegs ist, trifft er einen biologisch-dynamischen Bauern und kommt mit ihm ins Gespräch. Das gibt den Ausschlag, selber nach dieser Methode weiterzumachen.

Einer jungen Deutschen zeigte sich ein goldener Hügel in Sibirien. Von der Weite dieses Landes war sie spontan angezogen, betreute verschiedene Reisen und war an kulturellen Aktivitäten dort beteiligt. Die Frau stieß dann auch auf ein Heiligtum, das der geträumten Örtlichkeit entsprach.

Manchmal deutet ein inneres Erlebnis darauf, daß eine bessere Art des Verbundenseins da sein könnte oder wieder kommen mag. So lästerte jemand in wüstester Weise über einen ehemals guten Freund. Letzterer träumte, daß er mit dem Schimpfer eine überaus erfreuliche Begegnung in einem Nebengebäude vom Goetheanum in Dornach habe. Auf dieser Nachtebene existierte also die Problematik gar nicht mehr. Wann zieht das äußere Leben nach?

Wie verloren fühlte sich ein anderer Mensch auf einem dunklen Meer. Er war mit einer Vielzahl von geistigen Strömungen beschäftigt. In der Ferne sah er Licht. Ein Schiff kam näher, von dem dann ein Boot ablegte und ihn zu etwas holte, das träumend als neue geistige Familie empfunden wurde. Die nachherige Begegnung mit der anthroposophischen Geisteswissenschaft wurde genauso erfahren.

Wegen Erfahrungen mit allzu aufdringlichen Männern litt eine Frau unter damit zusammenhängenden Befürchtungen. Noch im Traum fühlte sie sich verfolgt. Jedoch erklang eine Stimme: «Habe keine Angst, ich bin bei dir.»

Danach hörten entsprechende Verfolgungsträume völlig auf. Was zu ihr sprach, kann von dem Engel ausgelöst sein, der jeden Menschen begleitet und am zukünftigen Schicksal webt. Was sich darin ausgestaltet, dringt zuweilen als nächtliche Ankündigung an einen heran.

Mitunter wird in manches Schicksal durch äußere Ereignisse drastisch eingegriffen. Das geschah bei einem Menschen, der zur Zeit der Spaltung Deutschlands den östlichen Teil verlassen mußte. In Träumen hat er immer wieder in ostdeutschen Städten bestimmte Plätze aufgesucht.

Dies änderte sich erst, als er nach Jahrzehnten frei hinreisen konnte und seiner Frau die verschiedenen Orte zeigte. Jetzt hörten Träume dieser Art auf. Ein noch nicht fertiges Schicksal war erlöst. Es hätte vielleicht auch mit einem Erzählen darüber getan sein können. (Sonst sind am Ende die Menschen einen Großteil ihres Lebens damit beschäftigt, Gebiete aufzusuchen, welche mit Unerledigtem aus vorigen Inkarnationen zusammenhängen.)

Unter einer Glaskuppel sah sich eine Frau aus Paris bei einem Fest mit Deutschen, wo es viele Geschenke gab. Außerhalb der Kuppel dagegen waren Lateinamerikaner, unter denen alles weit lebhafter zuging, was sie hinzog.

Nach ihrer Rückkehr ist ein Geschenk verschwunden. Der Traum will eventuell sagen, daß in all der sie umgebenden Fülle doch menschlich gesehen etwas fehlt.

Wenn träumend immer wieder Stätten der eigenen Kindheit auftauchen, kann dies bezeugen, wie sehr dadurch das spätere Leben mitgetragen wird. Noch bis ins Alter läßt sich hiervon vielleicht zehren.

Oder es kann geschehen, daß jemand plötzlich von Städten träumt, wo sich ein guter Bekannter zu derselben Zeit gerade aufhält. Das kündet von einer Intensität der Verbundenheit, wo nicht überallhin mitgereist werden muß – weil ein seelisches Dabeisein dennoch möglich ist.

Und noch unterschiedlich zu deuten ist jenes Traumerlebnis, wo die verstorbene Mutter jene Stationen aufsuchte, an welchen sie geweilt hatte. Das mag eine Bestätigung dafür sein, wie diese nachtodlich ihr vorheriges Erdenleben in einer Rückwärtsbewegung durchzumachen – das heißt jetzt erst richtig abzulegen – hat.

Hingegen sah ein junger Japaner im Traum europäische Häuser und Menschen, denen er vorher nie begegnet war. Er verließ dann eine gute Berufsstellung und zog in die Schweiz, wo es zur Arbeit in der anthroposophischen Heilpädagogik und zu einer Familienbegründung kam.

Bei einer Frau, die ihr Gehör verloren hat, ist das träumend ganz anders. Da erlebt sie sich im Besitz der Hörfähigkeit. Nur wenn der Traum mit Ägypten zusammenhängt, tritt die Gehörlosigkeit auf. Dort war von ihr eine schwierige familiäre Lebensphase durchzumachen gewesen, der eine abrupte Trennung folgte. So ging schicksalsmäßig etwas in die Brüche und zeigt Nachwirkungen.

Dieselbe Frau erblickte im Traum einen Menschen vor sich. Es wurde dazugesagt: Das ist ein geistiger Lehrer. Daraufhin begegnete er ihr auch physisch. Nur wußte sie schon von einer zusätzlichen Begegnungsebene – die sonst vielleicht nicht so wahrgenommen worden wäre.

Sehr schmerzlich mag ein Eindruck gewesen sein, durch den große Abneigung in einer Frau aufstieg, die von einem bestimmten Land, seinem Volk und einer Stadt träumte. Sie fragte dabei in englischer Sprache nach einer Straße.

In einem Reisekatalog liest die Frau von der Stadt sowie der Straße und tritt den Weg an. Am Ankunftsort verläuft sie sich und muß auf Englisch weiterfragen. An gesuchter Stelle hat sie dreimal auf und ab zu gehen, bis sie sich mit ihrem Hingekommensein versöhnt fühlt. Es war die Via Dolorosa in Jerusalem – wo der Kreuzesträger zusammengebrochen war.

Doppelgängerische Schwellenträume

Beständig kämpfen Tod und Leben in uns miteinander. Ja, nur weil Sterbendes wirkt, kann auch Erneuerndes hinzutreten. Ein darauf anspielendes Traumbild versammelte Schnee und Rosen. Da kann ein Bezug gesehen werden zur Polarität von Nerv und Blut im Menschen: ersterbendes Kosmisches und neu belebtes Irdisches.

Oder das Bild vom Herbst, wo alles verfällt, trat im Traum auf, begleitet wie in der Natur von wunderbarsten Färbungen. Der Mensch, bei welchem sich dies innerlich zutrug, entnahm die Botschaft: geduldiges Weitermachen führt erst zum Ziel. Die Erwartung von vorschnellen Erfolgen wäre verfehlt. Durch ein Geprüftsein geht es dagegen besser voran.

Als in einem Traum die eigene Mutter wie ein Pharao in einer Pyramide thronte, konnte vielleicht gespürt werden, was alles an bequemen Abhängigkeiten noch zu meistern ist. Sonst bleibt der Mensch fremdbeherrscht.

Trotzdem kann nichts erzwungen werden. So hatte ein Mensch starke Krafterlebnisse in der Meditation. Es folgte der Traum von einer massiven Eichentür, die zuflog. Dies kann als eine bildhafte, vom Hüter der Schwelle ausgehende Veranschaulichung gelten. Wegen dem Voranpreschen ist mancher Widerstand entfesselt und deshalb langsamer voranzuschreiten.

Jeder hat nun mal zwei Seiten in sich, eine lichtvollere (den Hüter) und einen Dunkelteil (Doppelgänger). In einem Traum trat dies im Wechsel auf: als ein etwas strenges Gesicht einer Bekannten, das danach sehr aufgequollen erschien.

Ihre eigene Mutter sah ein Kind im Traumerleben zweifach, in mehr heiterer Art, daneben traurig und leidend. Hier kann es sich auch um die Erfahrung der Lichtseite mit ihrem Schattenwesen handeln, wobei letzteres niederziehenden, gar zerstörerischen Einfluß hat.

Hinter Ängsten und Aggressionen wirkt dieser dunkle Doppelgänger ebenfalls. Das kann sich auch in Verfolgungsträume kleiden, wo mitunter Szenerien auftauchen, in denen eine ganze Schar von Leuten hinter einem her ist.

Jemand, der in dieser Weise alptraumhaft verfolgt wurde, litt so sehr darunter, daß er sich endlich durchrang, nicht weiter davonzurennen. Sobald solch ein Entschluß in den Traumablauf einzog, war der ganze Spuk verflogen. Das nächtliche Verfolgtwerden hörte auf.

Indem sich nachts unsere Leibesbeziehung lockert, können sich doppelgängerische Regungen deutlicher hervorbegeben. Ein Träumer sah eine große bedrohliche Gestalt ohne Kopf, von der er bedrängt wurde. Kopfloses Verhalten kennzeichnet nicht wenige Krisensituationen, wo untergründige Kräfte den Menschen überwältigen.

Am Morgen, wenn der Leib neu ergriffen wird, ist die ausgebreitete Doppelgängertendenz wieder einzudämmen. Das kann sich bis in Träume mit schlimmen Ungetümen kleiden.

Sich selber sah eine Frau im Traum von hinten. Doch die Gestalt hatte männliche Züge. Das kann sehr verräterisch sein, denn im weiblichen Wesen steckt ein männlicher Ätherleib, der bisweilen recht besitzergreifend zur Äußerung gelangen kann.

Dementsprechend sitzt im Mann ein weibliches Gegenstück, das im Extrem gigantische Allüren und Überempfindlichkeiten anstauen und inszenieren kann. Tagsüber hält sich das versteckt, steuert jedoch einiges von unserem Benehmen mit, sofern es nicht ehrlich durchschaut wird.

Während des Wechsels zwischen Schlafen und Wachen sind – viel häufiger als zugegeben – flüchtige Doppelgängerwahrnehmungen möglich. Dies führt dazu, daß jemand vor sich fast erschrickt oder erschauert beziehungsweise es ihm unheimlich wird, sobald er allein ist. Dann zeigt etwas Regungen, das am liebsten völlig vergessen wäre.

Hier existiert sogar der Ausdruck, man habe einige «Leichen» im Keller. Demgemäß träumte auch ein Mensch von einer Leiche, die aber wieder zu gehen anfing. Das Abgeschobene meldete sich also wieder.

Ein Spanier erzählte, wie in solch einem Lockerungszustand eine graue, dunkle Gestalt auf ihn zukam und durch die Füße in ihn eindrang. Er erhaschte einen Blick auf jenen doppelgängerischen Mitbewohner, der sich zwischen Leib und Seele einnistet und darin haust, solange wir uns selber nicht voll geistig-seelisch durchdrungen haben – was noch ein sehr langer Weg durch zahlreiche Inkarnationen ist.

Von einem Kind wurde berichtet, wie kleine Männchen in einer Art Rüstung um es herum waren. Diese bemerkten auch erstaunt, daß sie wahrgenommen wurden, und reagierten darauf. Solches übersteigt bloße Traumphantasie. Da war schon ein reales Mitvollziehen elementarischer Geistigkeit gegeben, für welche einzelne junge Menschen weit offener sind, als dies die Erwachsenen mitbekommen.

Bei einem älteren Menschen stürzten Bäume um und irgendwelche kosmische Wesen «landeten». Sie näherten sich. Doch war der Träumer innerlich entschieden genug, dem nicht nachzugeben, so daß alles wieder zur Auflösung kam.

Auch da mag ein durchaus realer Hintergrund gegeben sein von Wesenheiten, die den Kosmos bevölkern und mit uns zu tun haben. Etwas hiervon Abgeleitetes kann niederziehende Formen annehmen aufgrund eigener geheimer Wunschesgier. Ja es gibt Menschen, bei denen Eindrücke eines zeitweisen Entführtseins zurückbleiben.

In einem weiteren Fall hieß es im Traum, ein Teufel werde kommen. Eine Frau stand vor der Türe und ging gleich aufdringlich mit bis in die hinteren privaten Räume des dies erlebenden Mannes. Für ihn wurde das zur Mahnung, sich auf dasjenige, was ihn zu sehr überwältigen könnte, fortan nicht mehr einzulassen.

Einer Rumänin rückten tierhafte Wesen nahe. Sie sah sich von ihnen völlig eingekreist. Alles wurde immer bedrohlicher und vereinnahmender. Ihr war klar: Jetzt kann nur noch Christus helfen. Dieser Gedanke ließ den Traumesspuk überwinden.

Kleine dunkle Gestalten sind es bei einem weiteren Menschen gewesen, von denen er sich angefallen erlebte. Auch hier brachte ein innerliches Ansprechen des Christus-Wesens eine Befreiung vom alptraumhaften Angegriffensein. Das erinnerungshafte Verbinden mit einem meditativen

Spruch kann ebenfalls zu solchem Schutz verhelfen, etwa folgende Formulierung: «Nichts als reine Muteskraft und Liebesstärke trage ich in mir.»

Die Auflehnung und das Bemeistern von etwas Doppelgängerischem kann auch Zeichen eines bevorstehenden Todes sein. So träumte eine Frau von einem nahestehenden Mann, der einen aufbegehrenden Hund beruhigte. Bald kam die Nachricht, daß dieser Mensch gestorben war.

An einem persönlichen Bekannten wurde im Traum geschaut, wie er eine Tierfratze aufgesetzt hatte, diese jedoch ablegen konnte. Danach erfolgte die Mitteilung von seinem Tod. Auch dies war Zeugnis fürs Heraustreten des Doppelgängers, der einen natürlich Sterbenden vor seinem Erdenabschied zu verlassen hat. Bei Unglücksfällen geschieht das jäh oder es hängt gar manches nach.

Nur ein Grab wurde bei einem zusätzlichen Erlebnis gesehen. Nachher war zu erfahren, daß der eigene Bruder seinen Leib verlassen hatte. Davon ist auf Traumesebene ein Gegenbild mitzubekommen gewesen.

Botschaften vom Tod sowie von Verstorbenen

Eine Mitarbeiterin im Altersheim sah immer wieder einen Vogel davonfliegen. Wenn solch ein inneres Bild in ihrer Seele auftauchte, war ein Bewohner gerade gestorben. Die Seele löste ihre Schwingen aus dem Leib.

Es kann auch vorkommen, daß jemand vom Tod eines Menschen träumt, dieser aber trotzdem noch lebt. Eine Woche oder sonst einige Zeit später wird die Nachricht vom Sterben empfangen. Da gab das Traumleben bereits einen Blick darauf frei. Dies mag unmittelbar mit dem uns begleitenden Engelwesen zusammenhängen, welches im Schicksalsverlauf vorausschaut.

Keineswegs dürfen alle Sterbeträume direkt gedeutet sein. Von einem Vierzigjährigen wurde mehrfach geträumt, daß seine Mutter starb. Sie blieb lange am Leben. Das innere Geschehen hatte damit zu tun, daß sich die eigene Mutterbindung endlich überwinden ließ. Dermaßen viel Zeit brauchte dies!

Selber tot daliegen sah sich eine Frau. Doch wurde zugleich beobachtet, wie andere Menschen herumstanden. Also konnte dies gar nicht ein Sterben sein! Mit solch einem Gedanken wachte sie auf. Es bleibt hoffentlich in ihrem Bewußtsein, daß das wirkliche Lebensende nur ein Seitenwechsel ist – wo wir von außen her zuschauen.

Als in einem Traumverlauf eine Bekannte starb, war das gleichfalls kein Zeugnis für ihren Tod, sondern es ist völlig vergessen worden, mal wieder Verbindung zu ihr aufzunehmen. Das innere Bild wollte also sagen, daß das gegenseitige Bezogensein sich zu verlieren drohte. Daraus erwuchs der Entschluß, bald einen Besuch abzustatten.

Dagegen hatte folgender Traum einen sehr erschütternden und gleichzeitig tröstenden Hintergrund: Es klingelte an der Tür. Nach dem Öffnen entlockte das intensive Auftreten des erscheinenden Sohnes der Schwester den spontanen Ruf: «Du bist ja so lebendig!» Kurz darauf erfuhr man, daß er bei einem Verkehrsunglück umgekommen war.

Sehr bewegend ist auch folgende Geschichte. Ein Kind erzählt seiner Mutter unter Erwähnung von Ängsten, es hätte den Nachbarn in der Wohnung erblickt, doch sei er jünger. Dieser war zuvor gestorben.

Glücklicherweise nahm die Mutter das ernst, reagierte aber auch geistesgegenwärtig, indem sie vorschlug: Wenn solch ein Erscheinen wieder bemerkt werde, solle das Kind den Nachbarn zu ihr schicken.

Sie hat dann einen Traum, in dem er ihr mit einem in der Tat jüngeren Aussehen entgegentritt. Sie fragt, warum der Nachbar sich denn nicht bei seiner Frau kundgebe. Diese sei noch zuwenig weit dafür, folgt als Antwort.

Gerade deshalb versteht die Mutter des Kindes, wie sie als Vermittlerin auftreten kann, sich aber vorsichtig formulieren müsse. So bekommt die Nachbarin freilassend zu hören, daß von ihrem Mann geträumt worden sei und er einen erleichterten Eindruck gemacht hätte.

Während des Zweiten Weltkrieges tritt ein Bekannter in leuchtender Gestalt auf jemand im Schlafe zu. Später wurde mitgeteilt, daß dies der Moment seines Todes gewesen ist. Er hat sich auf geistigem Wege verabschiedet.

Mittels eines ähnlichen Erlebnisses wurde erfahren, daß ein Freund im Krieg gefallen ist. Auch hier kam die äußere Nachricht vom Tod als Bestätigung erst nachher. Im vorausgegangenen Wahrtraum war noch erwähnt worden, daß eine Hilfe weiter da sein soll. Der Verstorbene bleibe in diesem Sinne wirksam.

Gleich von drei Männern träumte eine Frau, die sich gegenseitig zuraunten: «Und der Lindemann kommt auch bald.» Es war ihr eigener Gatte, der dann ganz überraschend verstarb. Das kann als Beispiel dafür gelten, wie in geistigen Welten eine Seele erwartet wird, deren Tod bevorsteht. Dort ist alles schon auf ein Empfangen eingestellt. Manchmal erhalten Erdenmenschen Kenntnis von solchem Vorbereitetsein.

Im Alter von sechs Jahren hatte ein Junge in Weißrußland einen Traum, wo eine Gestalt mit einer Sense vor ihn hintrat – so wie in mittelalterlichen Darstellungen der Tod veranschaulicht wird. In dem betreffenden Bild waren sogar weibliche Züge dabei. Am nächsten Tag folgte die Mitteilung, daß der Großvater gestorben sei.

Einem ehemaligen Studenten tritt auf astralischer Traumebene ein früherer Hochschullehrer entgegen, der ihn nochmals prüfen wollte. Der Träumer wußte, daß dieser Lehrer gestorben war, und sagte sich: Wenn das nur ein Phantom ist, wird es verschwinden, wenn ich die Hand drücke. Das wurde innerhalb des Traumgeschehens getan. Dabei blieb der Eindruck von einem richtigen Handgeben zurück.

Über eine andere Traumbegegnung wurde die eigene Großmutter gesehen, welche der jungen Frau dankte, daß diese sich um sie gekümmert habe. Das ist tröstlich gewesen, denn andere Angehörige waren voller Vorwürfe wegen einer angeblichen Vernachlässigung.

Durch eine enge Gasse sah jemand im Traum seinen verstorbenen Vater fahren. Plötzlich ging es durch eine Tür, und dann war ein Kirchenraum da. Als ein echtes Geschenk wurde das verspürt, was hier der Tote übermittelte. Dies ließ Anteil nehmen an dem erhabenen Zustand, in welchem er weilte.

Ganz Banales kann sich auch mal durch eine nächtliche Verbindung lösen. So klemmte seit Jahren ein Schrank. Das wurde wie ein Naturgeschehen hingenommen. Durch einen Traum kam vom verstorbenen Großvater der Rat, an einer Stelle etwas unterzuschieben. Siehe da, es gab kein Schrankproblem mehr.

Wie sie ihr eigenes kleines Häuschen weiter umbauen könnte, wurde von einer Schwedin überlegt. Des nachts begegnete ihr der verstorbene Vater. Er war Zimmermann gewesen und legte ihr einen Plan vor. Also können wir sogar kostenlos einen Architekten finden – wenn die passende Traumbeziehung vorhanden ist.

Vom verstorbenen Begründer eines Gemeinschaftsprojektes hat eine weiterhin beteiligte Mitarbeiterin einen Traum. In diesem ging er durchs Haus und gab jedem, der da war, eine Blume. Keiner blieb ohne Zuwendung von seiten des Toten. Wenigstens durch einen Menschen wurde dies auch bemerkt.

Verzweifelt und alleingelassen fühlte sich eine schwangere Frau. Ihre Eltern verlangten eine Abtreibung von ihr. Übers Traumleben ereignet sich eine Begegnung mit der verstorbenen Großmutter, welche davon abrät. Sie weist die Schwangere darauf hin, daß es ein Sohn sei und was aus ihm werden möchte. Es folgt noch der Vorschlag, sie solle doch das Kind zur Geburt kommen lassen, um zu prüfen, ob dies sein weiterer Weg sein könnte – was dann auch geschieht.

Mit folgendem Traum trat als Mahnung auf: Eine Frau war im Tanz mit ihrem Mann. Jedoch erschien seine vorige Gattin, die ermordet wurde. Und diese raunte ihr zu, daß sie nicht so schnell tanzen solle, denn ihm sei es unzuträglich. Beträchtliche Zeit danach verstarb er an einer Herzschwäche. Heftige Schicksalseinbrüche hatten in seinem familiären Umkreis stattgefunden, welche ihm zusetzten.

Völlig verzweifelt war eine jüngere Frau in Brasilien. Diese hatte ihren Partner durch einen Autounfall verloren. Da ergab sich, daß der Mann über den Traum erschien und vieles mit ihm ausgetauscht werden konnte, was ihr am Herzen lag. Solch eine Traumerfahrung ergab sich längere Zeit hindurch exakt alle zwei Wochen. Dadurch schöpfte sie neues Lebensvertrauen.

Weitaus umfassender, als Menschen sich dies gemeinhin eingestehen, befinden sie sich in anderen Bewußtseinszuständen. Wirklich volles, waches und konzentriertes Dasein ist genauer gesehen nur etwas Kurzfristiges, das immer neu errungen werden muß. Daneben füllt der Schlaf einen nicht unbeträchtlichen Teil des Tages aus, so ungefähr ein Drittel. Aber es wären auch noch jene zahlreichen Vorgänge zu berücksichtigen, wo jemand nur so hinträumt oder hindöst.

Dann beansprucht der Gebrauch technischer Medien einen stets erheblicheren Part. Das betrifft nicht nur Film und Fernsehen, sondern auch Computer und Internet. Ein manchmal fast tranceartiger Bewußtseinszustand ist hier gegeben.

Wahres Wachsein ist also eine Leistung und nichts Selbstverständliches. Die massiv angestiegenen elektronischen Ablenkungen hängen durchaus auch damit zusammen, daß wir zuwenig in guter Weise die Kräfte der Nacht ausschöpfen, insbesondere was das Traumleben betrifft. Denn die reiche Bildwelt, welche sich da vor uns ausbreitet, kann mehr als genügen, falls wir sie zur Geltung kommen lassen. Es braucht nicht noch massive Zerstreuungen. Wir sind längst mit einer Fülle von Weltgeschehnissen verwoben.

Beim Wechsel in den Schlaf hinein erfolgt ein Umarbeiten dessen, was die Tagesereignisse betrifft. Wertvolles wird ausgelesen, Unsinnigkeiten gilt es abzuschütteln – was manchmal richtigen Tumult bedeuten kann.

Außerdem tritt das phasenweise auf. Ein bißchen gleicht das dem Wiederkäuen bei der Kuh – nur daß wir sozusagen eine Himmelswiese aufsuchen, dort vielleicht Zusätzliches aufschnappen und hoffentlich edle Lebenskraft daraus komprimieren, welche den nächsten Tag gut bewältigen hilft.

Freilich sind noch Hindernisse beim morgendlichen Hereinkommen zu überwinden. Das kann gleichfalls wieder mit intensiveren Traumerlebnissen in Verbindung stehen, worin gespiegelt ist, was sich alles auftürmt gegen ein Ergreifen des eigenen Leibes und vom nächsten Tageswerk.

Beides ist heutzutage nicht leicht, sowohl ein Freischaffen von irdischen Wirkungen, die noch lange nachhängen und umzuwandeln sein können, als auch der erneute Einstieg in leiblich-irdische Bereiche. Da baut sich einiger Widerstand auf.

Wichtig ist, daß wir hiervon wissen, ohne jedoch abgeschreckt zu sein. Es kann das Umschaffen der Tagesereignisse mit einem Auflockern des Erdbodens verglichen werden. Jetzt betrifft das aber die eigenen Seelengrundlagen. Dadurch lassen sich um so fruchtbarere weiterführende Impulse aus Geistesregionen entgegennehmen.

Tag und Nacht müssen nicht auseinanderfallen, sondern können verstärkt auf die jeweils andere Seite wirken. Was wir äußerlich begannen, wird vielfältig umgewichtet und neu geordnet, so daß ungute Tendenzen wieder aufzufangen oder zu korrigieren sind. Außerdem treten, wenn die innere Offenheit es zuläßt, jene Geisteshilfen hinzu, welche zur Fortführung der eigenen Erdenaufgaben benötigt werden.

Glücklich schätzen dürften wir uns demnach geradezu, wenn die nächtliche Traumesdramatik einen sozusagen durchknetet oder ganz tüchtig beutelt, damit das eigene Wesen in ersprießlicherer Weise seine Entwicklung fortsetzen kann.

Daß es schwierig ist, sich hierbei zu orientieren, kann zum Beispiel in Träumen von einem Labyrinth oder einem Verirren zum Ausdruck gelangen. Tatsächlich gleicht vieles einem Gang durchs Unbekannte, welcher manchmal überhaupt nicht mehr voranführt – und wir eventuell längst schon an Wegen vorbeigezogen sind, die uns weiterbringen könnten.

Nun bedürfte es einer Überschau, wo von oben auf das zu blicken ist, was wir durchschritten haben. Auch solches kann sich durch nächtliches Ablösen ergeben. Mitunter wird sogleich völlig klar, wie eine bestimmte Lage einzuschätzen wäre.

Für uns selber kann sich sozusagen eine Vogelperspektive auf die oft sehr verschlungenen Pfade des eigenen Lebenslaufes eröffnen. Durchaus mögen verschiedene Sackgassen dazugehören. Dies sollte akzeptiert sein. Noch besser wäre, es früher zu merken und eher jene unscheinbareren Routen einzuschlagen, welche vielleicht zwar bemerkt wurden, aber als unbequem galten.

Insgesamt gleicht das Seelenleben einer Landschaft, wo einiges angesiedelt ist, das uns nicht so sympathisch erscheint oder gar erschreckt. Wer zu sehr darauf fixiert bleibt, dem mag es als ausweglos oder unbewältigbar erscheinen. Dabei müßte er sein Seelenauge nur etwas umwenden! Schon sähe dies völlig anders aus.

Alpträume können auf manches Unangenehme verweisen, was sich in der eigenen Seelenlandschaft eingenistet hat. Bereits Kinder, die im Schlaf aufschrecken, sind zuweilen davon wie befallen.

Nicht zuletzt darum können Geschichten, wo ein mutiger Kampf mit Drachenwesen zu bestehen ist, eine Unterstützung bieten. Innerlich steckt das kleine Kind vielleicht längst in der Auseinandersetzung mit grimmigen Gewalten darin. Durch eine passende Art des bildhaften Beistandes wird es ermutigt und keineswegs eingeschüchtert – wie zaghafte Erwachsene vermuten, welche zuweilen vor angsterzeugenden Kräften bereits kapituliert haben.

Als schöne Antwort auf ein wirkliches Bestehen eines solchen durchzumachenden Ringens mit unsichtbaren Monstern darf ein Traumbild gelten, wo das Drachenwesen an einem Band gehalten werden konnte. Entsprechende Motive sind ja auf einigen mittelalterlichen Bildern zu finden. Die Seele – als Frau dargestellt – hat das eigene innere Untier gezähmt. Angstfreie Bewußtheit ist hierzu nötig.

Zwar ist es nicht immer so, daß irgendwelche alptraumhafte Szenerien direkt erinnert werden. Aber die Gebanntheit des Kindes durch monströses, ungeheuerhaftes Spielzeug sowie durch vielerlei Gruselfilme bezeugt, welch starker Bezug vorhanden sein mag, jedoch zuwenig erkannt und vor allem nicht verarbeitet wurde.

Gerade wenn nicht in hilfreichem Sinne durch Gespräche und Geschichten eine innerliche Auseinandersetzung mit dem möglich ist, was an abgründiger Bedrohung in der Seele lauert oder um sie kämpft, wühlt Alptraumhaftes im Menschen fort. Es ängstigt, ja verfolgt ihn, statt daß er Mutkräfte daran entwickelt.

Im voraus schon, gewissermaßen zur Vorbeugung, könnte deshalb ein vielfältiger Austausch über entsprechende seelische Abgrundserlebnisse empfehlenswert sein. Davon zu wissen, das schafft einen Schutz. Bald wäre offensichtlich, wie im Grunde fast alle von uns bereits an solchen Erfahrungen vorbeischritten, ohne daß dies genügend ins Bewußtsein kam.

Insgeheim beeinflußt das unser Verhalten, welches von undurchschauten Abneigungen sowie Vorlieben beherrscht ist. Was an versteckter Abhängigkeit oder verdrängter Unsicherheit im Inneren waltet, wird durch zahlreiche Ersatzaktivitäten überlagert, solange wir nicht mutig in das hineinschauen, was sich durch zwar eigentümliche, aber letztlich trotzdem sehr verräterische Traumbilder enthüllt.

Viele Jahre kann es dauern, daß sich ein fürchterliches Gepeinigtsein oder Austoben abspielt. In Träumen wirkt lange fort, was entbehrungsreiche und leidvolle vorige Lebensphasen beinhalteten. Ursachen davon können bis in die Kindheit, ja in frühere Inkarnationen zurückreichen.

Darum dürfte nie vorschnell geurteilt werden, daß das ein Spiegel dessen sei, wie es momentan um die Seele steht. Eher demonstriert dies, wie noch richtige Urweltkämpfe in uns fortdauern, doch auch zu einer allmählichen Auflösung und Bewältigung tendieren.

Oder es sind nur bestimmte Zeitpunkte in unserer biographischen Entwicklung, wo die Träume besonders aufgewühlten Charakter zeigen. Danach mögen wieder ruhigere, harmonischere Phasen folgen. Sofern erkannt wird, daß dies mit entscheidenden Umbrüchen zu tun hat, trägt das ebenfalls mit zur Entängstigung bei.

Irgendwelche schnellen Erklärungen durch Mitmenschen oder über Traumdeutungsbücher sollten sehr vorsichtig behandelt werden. Zumeist trägt da jemand nur eigene Vorstellungen in das Traumgeschehen hinein. Letzteres ist gerade dadurch gekennzeichnet, daß es alle verstandesmäßigen Einengungen sprengt.

Ausgleichendes Bild-Erleben

Eine Ergänzung oder auch Korrektur gegenüber dem, was wir bisher erlebt und gedacht haben, stellen die Träume dar. Das heißt, durch sie sprechen jene Dimensionen unserer selbst, die zuwenig beachtet wurden, ja vielleicht erst in Heranbildung begriffen sind.

Zwar mag der Auslöser irgendeine Problematik sein, der wir tagsüber oder früher schon nicht recht entsprachen. Wie alles dann auftritt, darin wirkt, was neu am Werden ist in der eigenen Seele. Jedoch entzieht es sich sogleich wieder, wenn wir zu sehr intellektuellen Zugriff darauf haben wollen.

Es kann sein, daß die Trauminhalte ab dem Moment in Deckung gehen, wo der Mensch sie nun endlich aufschreiben will und ein Tagebuch darüber anfängt. Gewiß geschieht dies nicht generell. Aber das Verstecktsein von solchen Vorgängen hängt durchaus manchmal mit starker Neugier zusammen oder einer zu sehr vorurteilsbehafteten Haltung, vor welcher sich empfindlichere Seelenteile verbergen.

Das Ausgeführte soll nicht so verstanden werden, als ob ein Aufschreiben von Traumabläufen generell abzulehnen wäre. Aber es muß freilassend abgespürt werden. In bezug auf geheimnisvollere Tiefen oder erst sich entfaltende Weiten des eigenen Seelenlebens gilt, daß hier jede zu grobe Einmischung störend sein kann oder gar völlig vereitelnd.

Jedenfalls kennen sehr viele Personen folgendes: Da stand ein reiches Bildgeschehen noch klar vor einem in unzähligen Einzelheiten. In dem Augenblick, wo wir uns daran erinnern wollen, ist alles fort! Das zu direkte Eingreifen läßt es komplett entschwinden.

Doch sollte auch dies wiederum nicht verärgern. Denn wir hatten ja das überwältigende Erlebnis. Nun geht es seine Wege, ohne daß unser Wachbewußtsein davon getrübt oder beeinflußt wäre. Wenn Bedeutsameres dabeigewesen ist, wird das schon auf seine Art zurückkehren, falls eine stille Aufmerksamkeit bei uns erhalten bleibt.

Wie mächtig Traumbilder auch auftrumpfen, so wenig sind diese dennoch zu fassen. Denn sie stellen reine Übergangsphänomene dar, die nur in dem Zustand sich bilden, wo die Seele gelockert ist, aber nicht ganz gelöst beziehungsweise noch unvollständig in den Leib zurückgekehrt.

So kann zum Beispiel folgender Bildverlauf einsetzen: Wir müssen durch einen schmalen Weg dringen. Der beginnt dann noch zu schwanken. Schließlich ist alles in Fluß. Es werden Schwimmbewegungen versucht. Daraufhin erfolgen vielleicht ganz unterschiedliche Flugaktionen. Bei einem Träumer war dies auch anderen Menschen beizubringen.

Plötzlich ist ein sehr buntes Geschehen um uns. Der Astralleib, so wäre das anthroposophisch zu beschreiben, zeigt seine Vielheit. Was mit unserer Seele alles zusammenlebt oder in sie hineinwirkt, entfaltet sich in verwunderlicher, manchmal beängstigender Reichhaltigkeit.

Auf dem zu beschreitenden Wege kann auch etwas entgegentreten, das ein Weiterdringen verhindert. In einer Traumszene war dies ein Elefant – was als sehr unangenehm empfunden wurde.

Innerhalb einer gestalttherapeutischen Gesprächsarbeit ist nun dieser Vorgang angeschaut worden. Der begleitende Psychologe wollte das nicht spitzfindig analysieren, sondern aufgrund dieser einfühlsameren Methode das Seelentier zum Sprechen kommen lassen. Daraufhin sagte «er» durch den Mund der Träumerin: «Trete erst mal zurück und schau mich an.»

Es sollte also respektiert sein, daß solche «Elefantenkräfte» im Untergrund der Seele wohnen. Mit der Beschaffenheit des Ätherleibes hat dies zu tun, könnte anthroposophisch dazugefügt werden. Nur über ein ruhiges Anschauen ist damit besser umzugehen.

Wenn also irgendwelche heftigeren Widerstände im Traumleben auftreten, kann das wirklich wie eine seelische Entwicklungsprüfung sein. Recht lange mag es noch zu starker Gegenwehr oder gar heftigem Auflehnen kommen.

Mit der Zeit jedoch benehmen sich sogar vermeintlich sehr wilde Tiere ganz brav. Bei einem Mann wurde so aus einem Tiger eine kleine Katze. Dies bezeugt, wie das doch am Menschen gearbeitet hat und er gelassenes Verhalten erlernte. Solches ist am sichersten möglich durch das Beschreiten eines meditativen Geistesweges.

Im Wachbewußtsein fällt es leichter, eigene Vorstellungen zu beeinflussen. Trotzdem tauchen auch da oft sehr willkürliche Bilder auf, wenn wir irgend etwas Unbekanntes erfahren oder über jemand nachdenken. Das sollte ebenfalls mit einem gewissen, durch Geistesübung erlernbaren Abstand ehrlich angeschaut werden.

Die Vorstellungen haben also ein Eigenleben. Dieses gewinnt in den Traumphasen an Dynamik und spielt mit uns sozusagen Theater. Selbst wenn verschiedene Personen auftreten, sollte zunächst vermutet werden, daß wir uns in ihnen spiegeln. Falls von jemandem geträumt wird, er throne über einem, so wirkt eher das eigene Verhältnis zur betreffenden Person herein. Eine Aussage über deren wahres Wesen beinhaltet dies noch nicht unbedingt.

In welcher Art wir mit unserer Umwelt zusammenhängen, das kommt im Traum zur Aufführung. Es geschieht auf eine Weise, daß verstärkt zum Ausdruck gelangt, was tagsüber unterdrückt oder übergangen wurde. Vorwiegend sind dies eigene Seelentendenzen, die zuwenig beachtet, vielleicht auch zu sehr gefordert waren.

Einiges rückt sich so zurecht, ohne daß es unmittelbar bildhaft erscheinende Gestalten selber betreffen muß. Wie wechselnde Kleider benutzt dies unser Traumvermögen, um innerlich etwas auszuleben und zum Ausgleich zu führen.

Im Schwellenbereich des Traumes werden wir selber zur gegensätzlichsten Wesenheit. In der Tat hat sich ja so mancher seelische Zug von uns recht unterschiedlich der Welt zugeneigt und verschmolz damit zeitweilig, so daß dies seine Spuren hinterläßt, mit denen des nachts eben zu schaffen ist.

Jeder von uns steckt in Überzogenheiten oder Vernachlässigungen. So wurde auch folgende Auseinandersetzung geträumt: Ein schwarzer Vogel hackt auf einen bunten ein. Letzterer wird daraufhin vom Sohn der Mutter, die dies träumte, befreit. Er kann so entfliegen.

Beim Gespräch darüber ist schnell klar geworden, wie die eigene kreative Seite zu kurz gehalten und eigentlich der Wunsch da war, daß jemand nachhelfen sollte, damit das Leben wieder aus einer Einseitigkeit herausfindet.

Wir sagen zu jemandem, der mehr spontanen Neigungen nachgibt, er sei ein bunter Vogel. Solches kann auch extrem sein. Doch wenn schöpferische Anregungen überhaupt nicht aufgegriffen werden, sind der Seele ihre Flügel gestutzt, oder sie sitzt wie im Käfig. Das zeigt, wie sehr es von uns selbst abhängt, ob sich der Alltag erhellt oder verdüstert.

Durchaus kann dies seine Gründe haben, warum wir schwierige, verdunkelte Lebensphasen durchzumachen haben. Bisweilen erzählen Menschen, daß sie gerade dann von besonders lichtvollen oder trostreichen Träumen heimgesucht werden.

Läuft wieder alles besser, träumen sie eher banal. Hier zeigt sich gleichfalls das Ausgleichende des nächtlichen Bild-Erlebens.

Neue Anknüpfungen über Abgründe hinweg

Die Bandbreite des Traumgeschehens schwankt zwischen äußerst realistischen Zügen, die zudem verraten, was wir übersehen oder mißachtet haben, bis hin zu völlig illusionärer Beimischung. In der Regel ist Individuelles und Überpersönliches vermengt. Einzelnes kann so überragend sein, daß wir im Wachbewußtsein noch nicht dazu hinreichen, anderes dermaßen erschreckend, daß eine Verwirklichung unfaßbar wäre.

Tagsüber gehen wir an mancher Kluft vorbei und merken es nicht. In der Nacht liegt dies offen vor uns, doch kann auch schon ein Überwinden davon angelegt sein. Angstbilder oder gar Horrorvisionen treten auf, bei denen sich gewissermaßen nur noch beten läßt, daß diese nicht zur Ausgestaltung kommen.

Bisweilen kann sich bereits zuneigen, was über das Abgründige hinausreicht. Oder es muß erst etwas sozusagen dem Orkus ausgeliefert werden, woran wir in verkehrtem Ehrgeiz festhingen. Manches ist nur über ein Sich-Aufblähen wieder abzuschütteln. Insofern befreit dies von falscher, gar verhängnisvoller Abhängigkeit.

Eigentlich müssen wir jede Nacht einen Abgrund überschreiten. Ähnliches trifft bei echter Begegnung mit anderen Menschen oder mit geistigen Realitäten zu. Andernfalls könnte keine echte Freiheit existieren. Sie setzt eine vorübergehende Abgeschnittenheit unseres Bewußtseins voraus. Deshalb auch breitet sich der Traumschleier um uns aus. Vieles wäre sonst nicht ertragbar.

Entsprechende Erfahrungen begleiten uns, bis wir stark genug sind, die sich bildenden Klüfte wieder aus eigener Initiativkraft zu überbrücken. Bis dahin ist uns nahe, wie es eben häufig im Träumen auftritt, daß ein Sturz in den Abgrund droht. Einmal vollzog sich dies auch, jedoch kam ein Mitmensch entgegen. Zusammen landeten beide auf einer Tanzfläche. Und sie tanzten darauf besonders schwungvoll.

So wird derartigen Erfahrungen etwas abgewonnen, das uns das Leben besser bewältigen läßt. Sehr wichtig und hilfreich kann auch sein, wenn sich der Mensch bewußt macht, daß Schreckensträume als Prüfungen aufzufassen sind, wo ähnlich wie etwa in Märchenerzählungen eigener Mut zu entwickeln wäre. Damit sind wir besser gewappnet.

Zwar mag eine Szenerie auf dem Traumgebiet in vereinzelten Fällen bis hin zum Stattfinden einer atomaren Kriegskatastrophe reichen und wie die Welt danach aussähe. Es liefen Planungen oder gar Vorübungen in dieser Richtung. Hier führen die inneren Bildsituationen vor, worauf dies hinauslaufen würde. Dabei erfolgt hoffentlich solch ein heilsames Entsetzen, daß wir geheilt davon sind.

Auch von katastrophalen Überschwemmungen, welche beinahe kontinentales Ausmaß haben, wurde längst geträumt. Wie unsäglich erleichternd ist bei alledem, dann festzustellen, daß es nur ein Traum gewesen ist! Zugleich muß das durchaus als ernsthafte Warnung dienen, denn in der Vergangenheit waren ja Gebiete unter Wasser, wo jetzt ganze Länder sich befinden. Und durch heftige Wetterumbrüche oder allmähliche Erdveränderungen kommt wieder einiges auf uns zu.

Insofern kann schon ein gewisses Vorüben ablaufen. Durchaus sollte dies zur Haltung führen, kommenden Schwierigkeiten möglichst wach zu begegnen oder sogar vernünftige Abwehrmaßnahmen einzuleiten.

Nicht immer ist es nur ein Bild, wenn Schlimmes in der Nacht vor einem steht. So träumten verschiedene Menschen, auch Kinder bis in Australien, daß ein Krieg nicht weit entfernt von einem Meer in Europa ablief. Dies ereignete sich zu der Zeit, als im Frühjahr 1999 der Krieg des Nordatlantikpaktes mit Serbien wegen der Vertreibungen von vor allem albanischen Menschen im Kosovo begann.

Solches bezeugt eine weitere, sehr erschütternde Dimension unseres Nachterlebens: nämlich, daß wir da mit manchem verbunden sein können, was in umliegenden Ländern oder gar weit entfernt irgendwo in der Menschheit sich abspielt. Rudolf Steiner gab bereits während des Ersten Weltkrieges den Hinweis, daß die Seele im Schlaf bei den umliegenden Volksgeistern ihre Kreise zieht (zum Beispiel am 12. Dezember 1914, Gesamtausgabe Band 156).

Und falls wir bestimmte Abneigungen gegen ein benachbartes Volk haben, verursacht dies geradezu, daß die ganze Nacht dazu ein intensiverer Bezug existiert. Kein Wunder also, wenn man am Tag dann noch mehr Neigung hat, darüber zu lästern oder gar in solche Gehässigkeit verfällt, daß sich Gewaltaktionen leicht anstacheln lassen.

Hier wäre es besonders dringend, ehrlich sich auszutauschen, so daß die mitunter leider sehr zutreffende psychologische Einsicht Platz greifen könnte: Worüber heftig geschimpft wird, damit hat der betreffende Mensch oft selber am meisten zu schaffen.

Zwischen Wachbewußtsein und Tiefschlaf liegen nun einmal Übergänge, wo unsere Seele die größte Offenheit, aber auch Angreifbarkeit zeigt. Gleichzeitig kann tröstend sein, daß vieles verfrüht zum Vorschein kommt und vor Schlimmerem bewahrt. Zum Glück war das nur ein Traum, dürfen wir uns häufig klarmachen!

Falls es mal allzu schrecklich wurde, sagte ein Mädchen zu sich selber während des Träumens: «Nicht so schlimm bitte!» Und tatsächlich war dann die innere Seelendramatik gemäßigt.

Zu bedenken wäre trotzdem, wie es zuweilen die aufrüttelndsten Erschütterungen braucht, damit sich Ungutes aus dem eigenen Seeleninnern lösen kann. Wohl mag eine allertiefste Beschämtheit darüber erfolgen, worin wir wieder in Traumereignissen gesteckt haben. Wer sich dessen genügend bewußt wird, vermag manchmal schlagartig oder zumindest mit der Zeit von allerlei Verkehrtem befreit zu werden.

Von einem seelischen Echophänomen könnte hierbei auch gesprochen werden. Einzelne Traumbewegungen eilen voraus und bezeugen, wohin etwas führen kann, wenn jemand stur in eingefahrenen Bahnen weiterschreitet.

Einer Frau wurde im Bilde gezeigt, daß sie mit vierzig sterben müßte. Fast hat sie daran auch geglaubt. In Wahrheit wollte diese Vision demonstrieren, wo das Leben einmünden würde, wenn es einfach so dahinliefe wie bisher.

Sie passierte den vermeintlichen Todeszeitpunkt ohne den gänzlich tragischen Einschnitt. Manche vorherige bittere Lehre half wohl soviel, sich zu wandeln, daß die heikle Klippe zu umschiffen war.

Eine weitere Frau fühlte sich schon im Leben wie tot, so die Traumwahrnehmung. Alle Menschen gingen vorbei, ohne von ihr im geringsten Notiz zu nehmen. Es war, als ob sie nicht vorhanden sei.

In einer Gesprächsarbeit über diesen Traum wurde ihr schnell deutlich: Sie vermochte nicht, ihr Bedürfnis nach Hilfe selber zu formulieren. Was ihre seelische Notlage betraf, existierte diese nicht für ihre Mitmenschen. Letztere blickten daran vorbei.

Es kann auch sein, daß im Traum regelmäßig Personen erscheinen, zu denen die Beziehung problematisch wurde. Dies mag dazu ermahnen, sich doch wieder um ein besseres Auskommen mit ihnen zu kümmern.

Solches Träumen hat einen Aufforderungscharakter. Ein anderes Mal mag es so sein, daß nur ein kurzes Kennenlernen von jemandem geschah, doch des nachts beschäftigt uns dies äußerst intensiv weiter, ja das vorherige Treffen wälzt uns geradezu um.

Dies ist eine ziemlich eindeutige Bestätigung dafür, daß tiefere Schicksalszusammenhänge mit der betreffenden Persönlichkeit walten. Oder es kann noch heftigeres Bewegtsein auf das Kennenlernen einer ganzen Gruppe von Menschen folgen. Das verweist auf komplexere karmische Verwobenheiten.

Ähnlich kann es nach Trennungen sein. Äußerlich haben wir eventuell jahrelang mit bestimmten Individuen keine Berührung mehr. In Träumen machen sie uns dagegen fast jede Nacht zu schaffen. Daraus wäre ganz klar abzuleiten, daß schicksalsmäßig noch sehr viel aufzuarbeiten ist.

Vor neuerlichen Begegnungen mag erst recht einiges sehr aufgewühlt sein. Oder es treten sogar die dramatischsten seelischen Konflikte auf. Wenn dann am nächsten Tag ein reales Gegenübertreten stattfindet, kann dies weit höflicher und friedlicher vonstatten gehen. In der traumhaften Auseinandersetzung haben wir bereits einige Unarten abgelegt.

Also trägt gerade das, was einer nächtlichen Schicksalsmühle gleicht, zu besseren Umgangsformen bei. Die Traumebene schüttelt uns, so daß danach weit Edleres verbleibt, ja vielfach erst herausgefiltert worden ist.

Zu einer Verfeinerung des eigenen Seelenwesens vermag die Heftigkeit mancher Traumereignisse beizutragen. Seelischer Unrat wird von Wertvollerem getrennt, wodurch ein ungehinderteres Weiterkommen gelingen kann. Freilich müssen wir dafür auch bereit sein und solch ein Gerütteltwerden annehmen, ohne daß uns der aufgewirbelte Staub zu sehr stört.

Wie ein nächtliches Schüttelsieb kann uns dies dünken. Von den gröbsten Unarten wird die Seele sozusagen entsorgt, damit wir gereinigt in die Zukunft zu dringen vermögen. Doch bedarf es hierzu der passenden Einstellung, denn sonst kann auch der Fall eintreten, daß jemand sich richtig hineinfrißt in problematische Angegriffenheiten, statt eine Abwendung von Üblem zu erreichen.

Zwischendurch mag sich das Sorgenvolle zwar gigantisch aufblähen. Aber deswegen sollte gerade hiervon losgelassen werden. Selbst wenn wir uns in hoffentlich selteneren Nächten damit lange wälzen, kann das dennoch als eine Zukunftsentlastung gelten. Um so dankbarer wäre dann hinzunehmen, daß trotzdem noch einige Regeneration auf den Morgen zu möglich ist.

Manchmal können es aber auch längere Phasen sein, wo jemand einen Großteil der Nacht sich abzuquälen hat, um strittige Verwicklungen und turbulentes Umkämpftsein abzustreifen. Da kann erst recht ein Trost sein, zu erfahren, wie dies vielleicht zukünftige Verhängnisse abzumildern oder sogar zu überwinden hilft.

Ferner können im Traum bereits wieder schöne Begegnungen mit Menschen stattfinden, die momentan eher schlecht über uns denken oder wo ziemlich heillose Zerstrittenheit herrscht. Auch dies mag als ein Zukunftssignal gelten, welches zeigt, wie später einmal vieles bewältigt sein und sich anders fortsetzen wird.

Bezeichnenderweise träumen Menschen, welche sich tagsüber miteinander im Austausch befinden, meistens gar nicht viel voneinander. Aber wenn sie eine Weile entfernt sind, tauchen Nachterlebnisse auf. Das bestätigt den Kompensationscharakter des nächtlichen Erlebens.

Träumend wird mehr durchgemacht, was sich tagsüber nicht so leicht realisieren läßt. Das reicht bis dahin, daß wir von unbekannteren Menschen träumen, mit denen aufgrund von schicksalsmäßigen Verwirrungen oder Zerwürfnissen keine Verbundenheit zustande kam. Da sorgt vielleicht die Nacht dafür, daß die Anknüpfungen nicht ganz entschwinden. Doch dies muß ebenfalls erst durchschaut sein.

Zunehmend ist des nachts auch mitzutragen, was Mitmenschen erleiden. So hatte eine Mutter im Übergangszustand zum Schlaf über eine Stunde mit Problemen ihres Sohnes zu kämpfen und blieb noch lange wach liegen. Dieser, längst erwachsen, war in einer schweren Beziehungskrise mit seiner eigenen Frau.

Die Mutter erfuhr das hinterher. In einem Zwischenbereich, welcher dem herkömmlichen Träumen nur entfernt ähnelt, kriegte sie jedoch einiges davon mit. Es kann auch von einer die Erde umgebenden Schicksalssphäre gesprochen werden, welche wir im Hineingehen in den Schlaf sowie beim Herauskommen aus ihm passieren.

Hier walten weit innigere Verwebungen mit fremden Seelen, als uns tagsüber klar wird. Dann schiebt sich das Erdentreiben so darüber, wie durch das äußere Licht die Planeten und Sterne unsichtbar sind, obwohl deren Wirken weiterhin vorhanden ist.

Als Kind waren wir dem gegenüber meist noch offener. Deshalb kann auch das eine tiefere Bedeutung haben und mehr sein als bloße Rückerinnerung, wenn im Traum öfter mal Gegebenheiten aus eigenen früheren Jahren auftauchen. Ein echtes Kraftschöpfen mag dies mitunter sogar bedeuten.

Zumindest könnte es die Mahnung sein, daß in der eigenen Biografie vielleicht einiges zu schnell oder einseitig lief, weshalb etwas zurückblieb. Bei einer Träumerin war das darauf verweisende Bild besonders drastisch: Ein Kind mußte aus einem Klosett geholt werden. Es war schon wie tot.

Tatsächlich mag ja, was wir an kindlicher Lockerheit und Lebensfreude besaßen, abgestorben und eingesargt sein. Insofern braucht das eventuell häufige innere Erschütterungen, um endlich daran aufzuwachen. Allerdings kann es viele Jahre dauern, bis irgend etwas von der lichten Beschwingtheit früherer Lebensphasen zurückgewonnen ist.

In einem verwandten Traum sollte ein Kind in eine Flasche gestopft werden. Was als Jungsein in einem lebt, drohte wohl eine Einengung zu erfahren. Dieser bildhafte Prozeß könnte bedeuten, daß es noch verhinderbar wäre.

Wenn durch das Träumen der Eindruck entsteht, ein Mensch sei viel älter beziehungsweise jünger als im äußeren Leben, so kann dies mit der Erfahrung zusammenhängen, wie sie oder er in der astralischen Welt erscheint. Wer da in sehr intellektueller Weise am Irdisch-Äußerlichen haftet, ist seelisch gesehen schon früh recht greisenhaft, während eine kreative, künstlerische Natur vielfach eine innere Kindlichkeit bewahrt, gar wiedergewonnen hat.

Es mag jemand auch in seinen irdischen Äußerungsmöglichkeiten beeinträchtigt sein, aber trotzdem ein fast überschwengliches Phantasieleben haben. Bei sogenannten Behinderten kann dies zutreffen. Obwohl sie vielleicht sehr eingeschränkt sind im direkten Zeigen von seelischen Vorgängen, darf deshalb nicht geschlossen werden, es wäre wenig dahinter. Ganz im Gegenteil existiert manchmal ein staunenswerter Reichtum, durchaus verbunden mit einer regen Traumtätigkeit. Wenn außerdem künstlerisches Mitvollziehen beispielsweise durch ein Konzert stattfindet oder ein Schauspiel unter eigener Beteiligung aufzuführen ist, läßt sich oft wahrnehmen, welch intensive Innerlichkeit da in der Verborgenheit schlummert.

Nur durch Gelegenheiten schöpferischer Art gelangt dies zum Vorschein. Allerdings ist zuweilen bei verstockteren Menschen auch sehr Illusionäres beigemischt. Im praktischen Dasein mögen sie kaum auffallen, doch im Reich der Phantasie erlauben sie sich wildeste Ausschweifungen oder pflegen eine äußerst lebhafte Gesprächigkeit. Das kann schließlich verschrobene und sogar krankhafte Züge annehmen.

Manches rutscht dann, was sonst mehr auf Traumebene sich abspielen sollte, zu sehr an die Sinneswelt heran, ja will diese als Zwangshandlung überwältigen. Jedoch können künstlerische Aktivitäten das auffangen und zum Guten lenken, statt daß der Druck übermäßig wird und die Meinung entsteht, irgendwelche derben Phantasien ausleben zu sollen.

Unterscheiden lassen sich zum einen Verarbeitungsträume, wo etwas im Seelenleben waltet, das passendere Formen finden muß, um uns gerade nicht in ungute Handlungsweisen hineinzuleiten. Vielmehr kann das untergründig Rumorende, in welchem eine lange Vergangenheit nachwirkt, zum schöpferischen Antrieb transformiert werden – wobei abfallen sollte, was eher verderblichen Charakter besitzt.

Zum anderen gibt es Veranlagungsträume, welche weit weniger ungestüm, ja oft sehr zart sein können. In ihnen bereitet sich Zukünftiges vor. Manchmal erfolgt auch eine sehr deutliche, tief erschütternde Klärung eigener Seelentendenzen.

So machte sich ein Mensch – wie das bei jedem von uns sehr spontan geschieht – ein bestimmtes Bild von einer Frau, als von einer bevorstehenden Begegnung und Zusammenarbeit erzählt wurde. Das ist typisches Produkt eigener Phantasietätigkeit. Es müssen uns nur ein paar Andeutungen entgegentreten – schon produziert unser Seelenwesen eine ziemlich fertige Vorstellung daraus, was in der Regel stark von eigenen Vergangenheitserfahrungen mitgeprägt sein kann.

Im nachherigen Traum trat die erst kennenzulernende Frau in völlig anderer, unerwarteter Gestalt auf. Und als sich das reale Treffen ereignete, stimmte dieses Erlebnis genau mit dem tatsächlichen Aussehen überein, während sich das Vorstellungsbild als völlig danebenliegend erwies.

Ein Traumfenster hatte sich also wieder mal des nachts geöffnet und an einer Wirklichkeitserfahrung teilnehmen lassen, wohingegen wir sonst innerseelisch von der Welt überwiegend Scheinbilder hervorbringen.

Sicherlich sind dies Ausnahmeträume. Wie bei sonstigen geistigen Schauungen ist da das Unerwartete, Überraschende wichtig. Genau so wäre es nicht auszudenken gewesen! Eben deshalb muß immer wieder geprüft werden, ob nicht eigene Wünsche oder Befürchtungen uns leiten. Erst wenn wir dem gegenüber freier bleiben, vermögen unverfälschte übersinnliche Wahrnehmungen heranzutreten.

Mehrere Traumschichten können deshalb beschrieben werden. Zunächst ist manches rein leiblich bedingt, sozusagen als Nachklang aus dem Tagesleben. Da wurde etwas einseitig aufgenommen oder überzogen durchgemacht. Jetzt erfolgt sozusagen ein Reflex darauf, wodurch sich eine Zurechtrückung ergibt.

Häufiger aber sind es mehr seelische Fortsetzungen, die sich träumerisch vollziehen. Wie schon im Vorstellungsbereich die Tendenz auftritt, alles Aufgenommene auszumalen oder weiterzubilden, so entwickelt unser Inneres eigentlich alles weiter, womit zuvor eine intensivere Berührung stattfand – weil wir schöpferische Veranlagungen mit uns führen. Zuweilen kann das dadurch Entstehende weit bedeutender sein als der äußere Anstoß.

Dabei werden im Grunde schon geistige Schichten berührt, die uns in einer lebendigen Fülle umgeben und woraus all jene Träume schöpfen, welche sich herausheben aus bloßer Selbstbespiegelung. Diese besitzen dann eine Durchlässigkeit zu zahlreichen uns umgebenden übersinnlichen Prozessen – welche so flüchtig sind, daß nur in Ausnahmezuständen etwas hiervon mitzubekommen ist.

Wer sich bemüht, die eigene Aufmerksamkeit zu üben, aber auch möglichst wahrhaftig dem eigenen Wesen in Seelenruhe gegenüberzutreten, kann stets offener werden im Hinblick auf höhere Beeindruckung – ganz unabhängig davon, ob sie sich nun übers Nachtgeschehen oder während des Wachlebens kundgibt.

Daß etwas nicht nur vorbeihuscht, sondern in uns heftiger pulsiert, gar vibriert, das ist unmittelbare Auswirkung des Ätherleibes. Es kann auch ein elegantes Gleiten auf dessen Lebensströmen erlebt werden. Sie sind in jungen Jahren oft ungestümer und können allmählich ruhiger dahinfließen.

Doch mögen auch wieder ausgeprägtere Szenen auftreten wie diese: Jemand versucht, erwachsenen Menschen etwas beizubringen, und es tanzt eine Schar munterer Menschen dazwischen hindurch. Dies kann direkt abbilden, daß hinter unserer scheinbar schon gereifteren Vorstellungswelt ein weit lebendigeres Treiben existiert.

Unserer ätherischen Leiblichkeit wohnt eine Verjüngungstendenz inne. Indem wir des morgens in das betreffende lebendige Gewoge wieder eintauchen oder im Schlaf hin und her pendeln, kann dies als realer Erneuerungsquell erfahrbar sein. Träume, in denen wir selber sehr verspielt erscheinen, mögen hiermit in Verbindung stehen.

Allerdings, wenn der Einzelne zu streng voranzupreschen versucht, mag ein sehr aufgewühltes Getümmel darauf reagieren. Plötzlich sind heftigste Umwälzungen durchzumachen. Wir haben sozusagen schlafende Geister geweckt, die uns tüchtig zusetzen.

Leider ist das nun einmal unvermeidbar, daß sich solch ein temperamentvolles Spektakel erhebt, wenn jemand sehr strebsam ist. Immerhin kann ein Trost sein, daß seine Eskapaden nur im Traumspiel erfolgen – und er nicht die eigene Gesundheit oder gar andere Menschenleben gefährdet.

Was dabei eine zeitweilige Ausgelassenheit demonstriert, wird über geduldiges Anschauen doch allmählich friedlicher. Wir nehmen sodann mehr von dem auf, was unser ausgeweiteter Astralleib erfährt, der zu richtigen Höhenflügen befähigt ist und in Welten wechselnder Formen, Farben, Klänge oder sogar geistigen Gesprächen sich bewegt.

Wahrhaft schöpferisch tätige Menschen empfangen daraus wertvollste Anregungen – und nicht aus bloßer Sinnesbeobachtung, gar nur aus Büchern. Tiefer betrachtet ist alles Äußere eher Widerpart (Gegen-stand), von dem es sich abzustoßen gilt, um zu viel ursprünglicheren Eindrücken zu gelangen. Erst diese bringen uns richtig weiter.

Freilich besagt das nicht, daß es unnötig wäre, von außen angeregt zu werden. Gerade die Qualität des Aufgenommenen entscheidet mit darüber, was sich als höhere Entsprechung anschließt. Sinnlich Erfahrenes erlischt. Dieses geht durch einen Nullpunkt, ruft jedoch ein geistig-seelisches Ergänzen auf.

Insofern ist das eine fortwährende Gewichtung, welche so im Nachtdasein vollzogen wird. Betritt jemand zum Beispiel einen geträumten Garten, farbenfroh und herzerfrischend, wie er das im Leben so noch nie kennenlernte, bestätigt dies das eben Ausgeführte. Da ist wirklich etwas von jener paradiesischen Fülle zurückzuholen, welche wir äußerlich verloren haben um unserer Freiheitsentwicklung willen.

Hingegen kann derjenige, welcher nur von abbauenden Techniken oder materialistisch niederziehenden Haltungen umgeben ist, des nachts ein totales Horrorkabinett aufsuchen müssen, welches ihn bedrängt. Deshalb mag auch der folgende Tag desto nerviger ablaufen, um dies zu überlagern.

Jene Unmenge an irdischem Getöse, welches heutzutage die Umgebung zahlloser Individuen erfüllt, dient also auch dem Verdrängen und Vergessen unangenehmer Wirkungen der Nacht. Doch je stärker ein Mensch dies tagsüber bekämpft, um so drastischer ist er in der Schlafesregion hiervon wieder eingeholt.

Werden statt dessen auch nur kleine lichtvolle Momente ins Tagestreiben eingebaut, wo wir uns echt besinnen, an schöneren Erlebnissen teilnehmen, einen guten Austausch zustande bringen oder noch dafür sorgen, daß fruchtbare Taten zur Ausbreitung gelangen, bleibt ein leises Beschenktsein als nächtliche Antwort nicht aus.

Am Tage können wir vieles nur zubereiten. Des nachts weilen wir im kosmischen Feuerofen, der zur Ausreifung bringt, was zuvor gesammelt wurde. Je nachdem, wie es geschah, haben wir diesbezügliche Kräfte und Fähigkeiten in darauffolgenden Zeiten verfügbar.

Teilnahme an einem kosmischen Drama

Zur Realität der Seele weisen Bilder, mit denen sie lebt, nicht elektrische Reaktionen. Letztere gehen zwar mit verschiedenen inneren Prozessen einher. Aber das Verursachende liegt in tieferen geistigen Impulsen.

Jedoch kann der Vergleich insoweit zugelassen sein, als sich bei uns manches tagsüber an innerer Spannung aufbaut, was in der Nacht wieder abgeleitet werden muß. Daraus resultiert so mancher heftige bis chaotische Bildablauf, in welchen sich die Traumgeschehnisse kleiden.

Am Tage kann bei weitem nicht alles voll registriert, geschweige denn richtig begriffen und verständnisvoll durchdrungen sein. Darin besteht gerade eines der Kennzeichen unseres Wachbewußtseins, daß es mit Eindrücken überschüttet, ja auch von vielem überwältigt wird.

Denken wir insbesondere an die Intensität oder auch Schnelligkeit technisch-medialer Abläufe! Immer stärker werden wir ja von ihnen bedrängt. Insofern geht deswegen schon das eigentliche Verarbeiten mehr in die Nacht. Nachdem der Mensch sich zur vermeintlichen Ruhe begeben hat, wird manche Innenregsamkeit erst so richtig wach.

Zwar meldet sich diese zunächst mit einer gewissen Chaotik. Das entspricht dem Abschütteln oder Loswerden unguter, schädigender Tagesnachwirkungen. Bald strömt aber meist mehr Klärendes nach. Eine neue Strukturierung setzt im Seelenleben ein.

Hierbei kann der Mensch auch hilfreich mitwirken, indem schon im Tagesbewußtsein um klare Gedankenbildungen gerungen wurde. Dann löst sich sozusagen zunehmend die Spreu vom Weizen. Was an irritierendem oder blendendem Getümmel sich dazwischenschiebt, stört nicht mehr so, wenn wir wissen, daß noch einiges zurückzulassen oder abzuschälen ist, bevor Tieferes aufklingt.

Obige Formulierung wurde mit Bedacht gewählt. Das Bildhafte gleicht Schalen. Es hat nur umhüllenden Charakter. Dahinter lebt eine bestimmte Stimmung, in welcher sich ausdrückt, womit wir seelischen Umgang pflegen.

An den Bildern sollten wir nicht hängen, vielmehr geistig-seelisch ablauschen oder ertasten, was sich darin verbirgt. Deutlich werden kann, daß das nicht nur Nachwirkungen von durchgemachten Erlebnissen sein müssen. In dem, was träumerisch heraufspielt, gestaltet Zukünftiges mit. Eine besondere Gestimmtheit gehört dazu, ähnlich wie bei einem Musikinstrument, nur daß sich bereits kommende Ereignisse ankündigen – welche gleichzeitig mancherlei bei uns zur Auflehnung bringen.

Die eigene verborgene Doppelgängernatur ahnt meist schneller als wir, was sozusagen die Stunde geschlagen hat. Darin steckt eine ahrimanische, erdgebundene Intelligenz, von der manche dunkle Ahnung ausgeht. Sie ist auch mit nicht wenigen unheilvollen Tendenzen verwoben.

Daraus entstammenden düsteren Suggestionen drohen wir immer wieder zu verfallen, indem finstere Ankündigungen zu ernst genommen sind. Oder es wird oft richtig wild und wütend zerschlagen, was als schicksalhafte Herausforderungen an uns herantritt. In solcher Negativität der Seelenstimmung hat uns die Dunkelmacht des Ahriman im Griff.

Da hilft nur ein klares Durchschauen und das Sich-Verweigern gegenüber allen gewaltsamen Methoden des Vorgehens. Wann immer wir heftig reagieren beziehungsweise uns zu sehr einschüchtern lassen, können ahrimanische Angriffe erkannt, aber auch überwunden werden.

Gegenteiliges gibt es ebenfalls, indem sich überzogene Wünsche oder Sehnsüchte über die Traumbilder stülpen und egoistische Gelüste dabei die Regie führen. Hier mischt die andere Widersachergestalt des Luzifer mit. Im Extremfall betört dies uns dann vollständig.

Wird von luziden Träumen gesprochen, wo jemand aber die Bilder eigennützig steuert, ist solches die Gefahr. Es kann der Anfang von einem Selbstbetrug oder gar wahnhaftester Verzerrungen sein. Darin bläht sich eine luziferische Scheinwelt auf, welche uns von allem abschneidet, was die Träume sonst an verborgenen Botschaften zur Sprache bringen wollen.

Gegenüber diesen Angriffen hilft nur ehrliche Selbsterkenntnis. Dadurch allein ist zu verhindern, daß Luzifer im Hintergrund seine Strippen zieht und wir wie eine Marionette dieses Illusionsgeistes sind. Falls ebensowenig nach der Pfeife des Ahriman getanzt wird, läßt sich in bewußtbescheidener Seelenhaltung ganz anders luzide träumen.

Wir wissen dabei wohl, daß alles nur eine Bildsprache oder geheimnisvolle Ankündigung ist. Weder wird vorschnell gedeutet noch gar zwangshaft, sondern nur behutsam eingegriffen. Mit dem Rätselvollen muß erst mal längere Zeit gelebt werden. Allmählich verrät sich, womit es sonst zu tun hat.

Wohin die Bilder deuten, darauf müssen wir blicken, nicht irgendeine künstliche Interpretation herausholen. Insbesondere sind alle beschränkten Vorstellungsbezüge abzulegen. So war es auch, als im Traum einmal eine heftige islamische Tendenz zu erfahren gewesen ist, welche wie ein Angriff gelten mochte.

Der ließ sich nicht beseitigen. Es mußte bei aller Turbulenz dieses Traumes selber doch irgendwie ein Arrangement getroffen werden. Zuletzt war von einem islamischen Händler dann Nahrung zu bekommen.

Bei solchen Erlebnissen schreiten wir nicht selten wie durch ein teilweises Läuterungsfeuer. Was uns zu attackieren schien, wandelt sich am Ende in eine stärkende Erfahrung – trotz all des Überwältigenden, das der Traumverlauf zunächst beinhaltete.

Gerade jene Wendungen, welche wir nicht erwartet hätten, bezeugen häufig die wertvollsten Hinweise. Manches Enge, was noch zu sehr an einem hing, kann hinter uns gelassen werden. Danach sind mitunter ganz erhebende Lichtblicke möglich.

Sonst machen wir uns meist allerlei vor. Dies muß sich vom eigenen Wesen ablösen. Oft sind es viele Schleier, von denen sich der Mensch zu befreien hat. Die Intensität nicht weniger Traumdurchgänge kündet direkt davon.

Nachfolgend mag sogar eine abgründige Leere verspürbar sein, der unsere Seele ausgesetzt ist. Anstatt zu erschrecken, wäre dennoch auszuharren. Schließlich läßt sich neue Ichkraft empfinden, die daran zu erwerben sein kann.

Nur als Abbild darf das Geträumte verstanden werden. Gewiesen sein können wir auf große kosmische Bewegtheit, welche hereingestaltet in die nächtlichen Umbrüche. Zumindest am Rande ist das doch immer wieder mitzuvollziehen.

Tagsüber sind wir sehr aufs Erdendasein bezogen, gar mächtig darin verstrickt. In der Nacht hingegen nimmt der Mensch teil an einem Drama des ganzen Kosmos, hat zuweilen sehr tragische Begegnungen oder stellt eine recht komische Figur dar.

Noch mehr ins Detail gehend, kann von einem mondenhaften Geprüftsein gesprochen werden, welches zuerst durchzumachen ist. Vielfach wird das sehr schnell passiert.

Doch kann es den Menschen mitunter lange peinigen, bevor er tiefer ins Schlafgebiet hineinfindet.

Es ist jeweils eine Schwellenprüfung, welche die Mondsphäre für uns verkörpert, wo das äußerlich Erlebte abzustreifen wäre. Helfen kann da, wenn wir vor dem Schlafen nochmals rückwärts durchgehen, was am Tage erfahren wurde.

Ansonsten hängt dieses noch lange nach. Durch eine sogenannte Rückschauübung unterstützen wir, daß äußere Tagesbezüge abfallen und besser weitergeschritten wird in das hinein, was als planetarischer Durchgang zu charakterisieren wäre, wo wir zwar weiterhin noch intensiv durcheinandergewirbelt und geläutert sein können. Doch tritt jene manchmal geradezu tanzende Bilderfülle hinzu, die etwas ahnen läßt von einem Sphärenreigen, an welchen unser Seelenleben zumindest wie abbildhaft herandringt.

Mit dem eigentlichen Tiefschlaf, der uns völlig neu erstehen läßt, berühren wir dann noch den übrigen Sternenhimmel. Gelegentlich pocht etwas stark Schicksalhaftes heran. Solch ein Geschehen mag der Auslöser sein, wenn wir morgens wie zerschmettert erwachen und das Gefühl haben können, als müßte unser Wesen aus verschiedenen Weltregionen wieder zusammengefaßt werden.

Was wir als unser wahres Ich bezeichnen, ist verbunden mit solchen Sternenorten. In die Schicksalsabläufe wirken von dort stammende Impulse herein. Dies muß durch geistige Entwicklungsprozesse und Erkenntnisbemühungen erst ertragen gelernt werden.

Jedoch gibt es in erhabenen Momenten einen nächtlichen Austausch damit. Dann spricht unsere höhere Geistigkeit mit. Zum eigenen Ich-Ideal weist sie den Weg und zeigt weite Ausblicke auf das, was wir im Leben noch anzustreben vermögen.

Dies kann auch begleitet sein von tiefer Beschämung, wie wenig bisher hiermit übereingestimmt wird. Eventuell tritt sogar ein beträchtliches Frösteln hinzu, wie das ja auch aus Nächten bekannt ist, in denen der Himmel klar daliegt. Dann zieht ein kaltes Erschauern übers Land – beziehungsweise durch die Seele.

Bis zu Bildern von einer Himmelskönigin, mit einem Sternenmantel umkleidet, kann solch ein Erleben bisweilen reichen. Unser eigenes Seelenwesen hängt damit zusammen. In derartig schicksalshaften Nächten erfolgt eine gesprächshafte Berührung, welche umwälzende Wirkungen zeitigen kann.

Das ist weit mehr als jeder Traum. Eine Klarsicht ohnegleichen resultiert daraus. Keine verschleierte Botschaft bleibt dies. Vielmehr sind wir zu einem dialogischen Begegnen mit dem höheren Selbst herangewachsen.

Austausch mit dem All

Wie verbreitet ist der Wunsch nach einer Traumreise: an einen einzigartigen Ort, mit erlesenen Freunden. Welche enormen finanziellen Beträge lassen manche Menschen deswegen erfließen und müssen hierfür recht lange arbeiten! Außerdem kommt mittlerweile eine ökologische Belastung hinzu, welche langsam unverantwortlich wird aufgrund eines Zersetzens der Erdatmosphäre durch den immensen Anstieg des Flugverkehrs.

Was für befreiende, ja rettende Folgen könnte da die Einsicht haben, daß hinter einem Großteil der Traumreisewünsche ein ungenügendes Ahnen von den nächtlichen Planetentänzen und Sternberührungen mitschwingt! Es hieße dann, durch mehr Seelenöffnung von solchen Begebenheiten zu erfahren.

Völlig kostenlos vollzieht sich das und ohne Versündigung gegen die Ökologie! Doch braucht es eben phantasievolle Anstrengung, damit dieser andersartige, geistig-seelische «Flugverkehr» mit solch reicher innerer Beteiligung vonstatten geht, daß wir davon sogar mehr haben, als wenn zuviel äußerlich durch die Welt gehetzt wird.

Schon wenn es gelingt – und dabei kann ein Buch wie dieses helfen –, sich besser auszumalen, was alles an unserem nächtlichen Leben mitgestaltet, kann aus der Ahnung immer festere Gewißheit werden, welch eine Weltenfülle uns umgibt, wenn wir des nachts unsere Kreise ziehen. Unsere ganze Vergangenheit spielt herein, und Kommendes kündet sich an. Auch mit dem gegenwärtigen Geisteskosmos findet ein unmittelbarer Austausch statt.

Ausschlaggebende Bedeutung hat aber weiterhin, was wir tagsüber denken und sprechen, aufnehmen oder ausführen. All dies erfährt eine kosmische Beurteilung, ist verstärkt oder angemahnt. Wer hierbei fruchtbare Ansätze macht, die selber geistdurchdrungen sind, kann dies zu einem richtigen Aufleben bringen. Eher materialistisch geprägtes Gebaren bleibt dagegen heftig zurückgewiesen, so daß man völlig zerknirscht sein mag am nächsten Tag. Ohne genügende Bewußtmachung wird jedoch meist nicht bemerkt, wodurch es verursacht war.

So wie das Sinnesdasein uns eine Verbindung ermöglicht mit sämtlichen Erdenangelegenheiten, sind wir über die Nacht im Dialog mit kosmischen Sphären und deren «Bewohnern». Ja, wir selber sind dann mehr Weltall-Wesen, was erst recht für Verstorbene und Wiederkehrende gilt, denen dabei begegnet werden kann. Fortlaufend steigen Menschenseelen auf und nieder, nach dem Tod hinein ins geistige Universum, dann wieder zur Geburt hin zurück auf unseren Planeten.

Wenn wir dazunehmen, wie Erde und Sonne sich umeinander bewegen, läßt sich imaginativ mitvollziehen, daß dort, wo die Nacht hereingebrochen ist, sich die weitaus größere Zahl der Seelen im Schlaf vom Leibe abhebt und ihre kosmische «Runde» dreht. Freilich ist das im Unterschied zum richtigen Sterben nur eine teilweise Ablösung.

Und auf der Erdoberfläche gegenüber mit dem Zeitunterschied von ungefähr acht Stunden, wo die Sonne erneut aufgeht, schickt sich die Mehrzahl der Menschen, welche in der dortigen Gegend weilen, wieder an, seelisch ins Tageswirken abzusteigen.

Von dem inneren Blick läßt sich so eine ständige Auf- und-ab-Bewegung begleiten. Ein milliardenfacher Prozeß ist das alltäglich, wo Seelen sich über ihren Umkreis erheben, planetarisch-sternenhafte Kräfte aufnehmen und etwas davon zur Erde niedertragen.

Aber natürlich wird auch Belastendes mitgenommen, was heutzutage die äußere Weltzivilisation erfüllt. Insofern mischt sich manches sehr Störende ein, welches den Übergang in den Schlaf sowie das Herauskommen aus ihm turbulent oder sehr umkämpft erscheinen lassen kann.

Um so wichtiger wäre es deshalb, sich am Tage zu besinnen und eine bessere Anknüpfung an das zu suchen, was die Nachtwelten betrifft. Zusätzlich problematisch wirkt ja, daß nun die Erde von einer Fülle von Funkwellen eingehüllt ist, bis hin zu Satellitennetzen, weshalb das Durchstoßen zur kosmischen Spiritualität zusätzlich erschwert sein kann.

Auch manche Bauten wurden fast ein elektromagnetischer Käfig infolge der Masse solcher Geräte, die häufig in ständiger Laufbereitschaft sind (Stand-by-Schaltung), so daß man andauernd in den damit verbundenen Spannungen und Strahlungen steckt (Fernseher, Computer, Mobiltelefon, Anrufbeantworter und vieles mehr). Kein Wunder, wenn nun fortwährend von Erschöpfung oder Überempfindlichkeit zu hören ist.

Doch es gibt relativ einfache Schaltungen, um die Wohnung in der Nacht elektrizitätsfrei zu machen. Bereits das kann helfen, daß der Schlaf weit tiefer und aufbauender wird. Die Träume können plötzlich wieder intensiver sein. Ähnliches gilt generell für Gegenden, welche verschont sind von übermäßiger Technisierung, vor allem wenn auch die Naturkräfte noch reichlich zur Geltung gelangen.

Jahreszeitlich können ebenfalls Veränderungen beobachtet werden, etwa dahingehend, daß wir im Sommer weniger tief schlafen, also durchlässiger sind und weit mehr mitbekommen vom Gewoge oder gar Gewühl, das die ganze Nacht hindurch sich abspielt – oder fortsetzt, weil es ja auch tagsüber im Seelenhintergrund vorhanden ist. Jedoch wird es überlagert durch Sinneseindrücke.

Aus diesem wogenden Gemenge, das von dem andauernd schaffenden Ätherleib stammt, steigt ein Teil der

Traumbilder – gleich Luftblasen aus einer Seetiefe – auf. Hier sind wir wie in einer lebendigen Werkstatt, die sowohl unsere organischen Rhythmen und Stoffwechselprozesse beinhaltet als auch eine unterschwellige Vorstellungsaktivität, welche als ein kosmisches Gedanken-Meer ununterbrochen auf uns wirkt, ja wie hindurchzieht.

Im Winter kann der Blick gesammelter sein, so daß nicht zu sehr nur nächtliche Umwälzungen erfahrbar werden, vielmehr auch mehr erahnbar ist, was aus den Weiten der Welt ans eigene Wesen herandringt. Insbesondere die Zeit zwischen Weihnachten und Epiphanias (Dreikönigstag) mag da sprechend sein, wo wichtige Hinweise in Träumen auftauchen, welche ein kommendes Jahr betreffen. (Hinzugesagt werden muß, daß dies auf der südlichen Erdhälfte umgekehrt gilt und die Tage von Ende Juni/Anfang Juli betrifft.)

Es sind das jene dreizehn heiligen Nächte, wo in verdichteter Form ein Keim gelegt wird für die zwölf folgenden Monate – mit einer Neujahrswende dazwischen, die etwas herausgehoben ist beziehungsweise ein verstärktes Innehalten darstellt.

Hier könnte ein Bild von einem Traumhaus angefügt werden, das im Sommer weit geöffnet zu sein vermag, so daß wir vieles von dem mitkriegen, was sich um uns herum ereignet. Mehr zur Wintergeste gehört eine stillere Konzentriertheit, wodurch Geheimnisvolles aus Weltallweiten bis tief ins eigene Innere dringt. Das kündigt sozusagen einen höheren Besuch an, während zur wärmeren Jahreszeit wir selber mehr dorthin reichen.

Unser Seelenhaus kennt verschiedene Öffnungen, durch die wir uns hinauswenden und auch etwas zurückfließen kann. Von einer atmenden Bewegung des eigenen Astralleibes könnte auch die Rede sein. Dieser ist im Schlaf geweitet. Beim Erwachen erfährt er eine Zusammenziehung.

Vom Astralleib läßt sich insgesamt sagen, daß er ein Konzentrat der Weltenweisheit darstellt. Insofern weiß er oft mehr als unser Ich, das noch sehr am Anfang des eigenen Entwicklungsweges steht. Gerade dann kann viel anderes ins Bewußtsein gelangen, wenn wir noch nicht zu sehr in der physischen Körperlichkeit stecken.

Unsere ganze Vergangenheit ist hier präsent sowie auch dasjenige, was bereits als Zukunftstendenz angelegt wurde. Freilich muß das Ich selber zugleich sehr aufmerksam sein, um während des Weitens oder Verdichtens vom Astralleib etwas davon mitzubekommen.

Tagsüber nehmen wir ebenfalls viel mehr auf, als das sich erst entwickelnde Ich-Bewußtsein voll erfassen und verarbeiten kann. Auch das hängt mit der in jedem vorhandenen großen Begabtheit des Astralleibes zusammen. Im Traum wird mancherlei von dem vorgeführt, was zunächst eher unbeachtet an uns vorbeigezogen ist.

Insofern wäre der astralische Leib auch als großer Erzähler, ja Dichter zu verstehen. In der Nacht, wenn das Ich zurücktritt, kann letzterem allerhand zugeraunt werden, was es übersah und wofür sich bisher kein Organ entwickelte.

Umfassender formuliert, könnte auch von einem inneren Künstler die Rede sein, der in jedem versteckt ist. Er hat außerordentliche Begabungen des Bewegens und Sich-Äußerns. Und gerade wenn diese am Tage zuwenig zur Geltung gelangten, erfolgen des nachts manche drastischen Auftritte.

Gelernt werden kann, diese seelische Künstlerschaft staunend wahrzunehmen sowie übend einzubeziehen. Haben wir solch einen Überfluß an Phantasie auch im praktischen Leben zur Verfügung, bräuchte es nie zu heißen, daß etwas nicht geht. Vielmehr sind dann stets noch zahlreiche andere Möglichkeiten zur Verfügung.

Ergänzend anzufügen wäre, daß mit dem Ätherleib ein innerer Heiler verfügbar ist, welcher beständig dazu beiträgt, all das erneuern zu helfen, was im Wachleben verbraucht wurde. Ansonsten müßten wir innerhalb kürzester Zeit dem Tode nahe sein, wenn diese Regeneration nicht ausgleichend tätig sein könnte.

Mittels des Ichs ist sodann eine moralische Instanz wirksam, welche anzuschauen vermag, was eher recht oder mehr schlecht läuft. Eben damit hängt so manches Erschrecken im Übergang zur Nacht zusammen, weil deutlich wird, wie fragwürdig, unsicher und angreifbar nicht weniges ist, worauf wir uns eingelassen haben.

Jedenfalls hätten wir ohne das Ich kein Gewissen. Dadurch können wir wissen, was wir tun, wie es um die Welt steht und ob etwas lediglich oder zum Glück nur ein Traum war.

Meditative Klärung

Hinter der Seele ist keine Leere, sondern eine Überfülle. Auch im Wachen können wir manchmal stark hineingezogen sein, indem uns noch vieles beschäftigt, was nächtlicherweile durchgemacht wurde, aber auch von vorherigen Tagen stammt. Nicht wenige Individuen führen da lange

Selbstgespräche oder intensive Auseinandersetzungen mit anderen Menschen ohne deren Anwesenheit.

Mit schlimmsten Befürchtungen können wir hierbei auch zu kämpfen haben oder werden von fast abgründigen Zweifeln geplagt. Oft sehr vereinnahmend sind die dazugehörigen Vorstellungsbilder, so daß einige Zeit gebraucht wird, um von ihnen loszukommen. Nur sehr wache und konzentrierte Tätigkeit hilft, uns wieder freizuschaffen.

Erreichen wir einen ungezwungeneren Bezug zum wohl etwas konfusen, aber intensiven Seelenhintergrund, können aus diesem die originellsten Einfälle, ja sprudelnde Begabungen hervorquellen. Doch muß geistesgegenwärtig reagiert werden, um das zu merken oder aufzuschreiben. Sonst mag ganz Wertvolles gleich entschwinden.

Bei bestimmten Begegnungen und äußeren Ereignissen kann auch ein Gefühl auftreten, daß manches davon schon bekannt erscheint. Infolge einer Vielzahl von Beispielen, wo Traumerlebnisse berichtet wurden, die Zukünftiges aufzeigen, ist das nicht mehr unfaßbar. In der Nacht kündigen sich einzelne Ereignisse an, mit denen wir dann am folgenden Tag zu tun haben.

Bisweilen tritt einem jedenfalls einiges entgegen, wo das Gefühl auftritt: Die Situation ist ja bekannt! Als Déjà-vu-Erlebnis wird dies auch bezeichnet. Es muß nicht immer gleich auf frühere Inkarnationen zurückgeführt werden, sondern kann einer geträumten Vorahnung entstammen.

Mittels des astralischen Leibes vermögen wir Kommendem vorzufühlen. Da steckt die Seele gewissermaßen ihre Fühler aus und vermag einiges abzuspüren von dem, womit sie sich später näher zu befassen haben wird.

Das gibt es genauso wie die Nachwirkungen bereits durchgemachter Begebenheiten. Wenn sehr hartnäckige Schwierigkeiten mit anderen Menschen vorliegen, kann einiges wiederholt hereinspielen und zum Beispiel die Ursache sein von Fortsetzungsträumen, in denen ähnliche Bildmotive mit einem sich wandelnden Entwicklungszusammenhang auftreten.

Haben wir mit einzelnen Personen im Traum immer wieder zu schaffen, kann schon eher darauf verwiesen sein, daß einiges aus früheren Zeiten unbewältigt ist und deshalb des nachts jahrelange Auseinandersetzungen sich zutragen.

Zwar läßt sich nicht alles träumend klären. Dennoch ist möglich, daß ein Läuterungsprozeß einsetzt, welcher erlaubt, in späteren realen Zusammenkünften weit rücksichtsvoller und verständiger zu sein.

Zuweilen, wenn ein Mensch von äußerst heftigen Problemen geplagt ist, hat dasselbe Motiv in der gleichen Nacht noch eine Fortsetzung. Falls etwa Beziehungen zu nahestehenden Menschen kritisch geworden sind, mag uns dies so sehr umtreiben, daß wir stundenlang in heftiger Abwehr stecken oder gar gegen jemanden anwüten. Danach läßt sich weitaus ruhiger auf späteres Begegnen zuleben.

Trotzdem muß dabei aufgepaßt werden, weil auch das Gegenteil möglich ist, indem jemand sich des nachts ganz extrem oder gar fanatisch in Auseinandersetzungen hineinsteigert und haßerfüllte Reaktionen ausbrütet. Das vermag ein noch viel giftigeres Gebaren am Tage herbeizuführen.

Dann verliert das nächtliche Sich-Ablösen seine heilsam-ausgleichende Qualität. Es tritt hingegen eine noch extremere Vereinseitigung auf. Man setzt im Schlaf erst recht in widersacherische Gefilde über und holt daraus ungute Verstärkung zurück. Letztlich aber sind wir dadurch immer zerrissener, ja verlieren uns in einem Wüten der Seele.

Darum ist und bleibt von entscheidender Bedeutung, eine meditative Friedsamkeit im Ich zu veranlagen. Selbst wenn es noch so sehr um den Menschen tobt, dürfte er sich nie völlig verlieren. Mitunter kann nur der Gedanke an das große Erdenvorbild des Christus helfen, uns über die verheerendsten Abgründe des Nachtlebens hinwegzutragen.

Sein Friede sei bei uns und wir eins mit ihm: Solch eine gedankliche Verbundenheit ist manchmal der einzige Rettungsanker, damit sich das eigene Ich-Wesen sicher genug fühlen kann angesichts eines eventuell fast orkanartig aufgepeitschten Seelengewühls.

Es können hier die übelsten Entstellungen sich der eigenen Phantasie bemächtigen und sie auf abgründige Bahnen reißen wollen. Sofern es gelingt, sich ruhig zu behaupten gegen alles, was irgendwie zwanghaft an uns zerrt, bildet sich mit der Zeit eine schützende Stärke im eigenen Seelenleben aus.

Jedoch kommt es wesentlich darauf an, wie wir uns hineinstellen. Sind zu sehr Angstgefühle vorhanden, hängen üble Phantasieprodukte recht hartnäckig an einem fest. Wird statt dessen die Überzeugung behalten, daß das peinigende Bedrängtsein nie endlos dauert, sondern wieder verschwindet, dient dies schon als Hilfe, damit keinen übermäßigen Einfluß gewinnt, was in solchem Sinne attackierend wirkt.

Nächtliche Aufgewühltheit wird dann als Folge einer Begegnung mit solchen Menschen bejaht, die wir in diesem Leben zwar neu kennenlernen, wo aber dennoch tiefere schicksalhafte Bezüge existieren. Mit ziemlicher Sicherheit darf dies als Beleg gelten, daß eine karmische Gemeinsamkeit vorliegt, wenn uns jemand im Schlaf nicht losläßt, vielmehr sich etwas fortsetzt, was das Zusammentreffen ausgelöst hat.

Solches kann noch zwei oder drei Nächte andauern und sollte durchaus als Zeugnis dafür genommen werden, wie eine frühere Schicksalskonstellation zurückkehrt, um ihre Weiterführung zu erfahren oder einen Wandel durchzumachen. Nun regt sich gerade etwas in uns, das bisher wie schlafend war.

Immer besser ausbilden sollte sich der Mensch, um solche Innenregungen anzuerkennen, anstatt lediglich zu klagen, er habe mal wieder eine unruhige Nacht gehabt. Allzu schnell wird an bloß persönliches Unbehagen gedacht, während in Wirklichkeit im Schlaf eine karmische Antwort auf Tagesbegebenheiten erfolgt.

Insbesondere auch die Stimmung, mit der wir aufstehen, verrät mancherlei über das schicksalsmäßige Berührtsein, welches sich an vorherigen Tagen zugetragen haben mag, jedoch als karmisches Echo in uns weiterarbeitet. Bleibt dies nur dumpf anwesend oder wird gar ignoriert, entsteht unkontrollierbare Emotionalität, welche den Einzelnen beunruhigt, ja sogar zum Meiden weiteren Begegnens drängt.

Deshalb ist es so wichtig, ein sinnvolles Verständnis für solche inneren Umtriebe zu entwickeln. Sonst laufen wir genau dem davon, was eine entscheidende Wendemarke für unser diesmaliges Erdenleben sein könnte.

Also nicht einfach in emotionaler Instinktivität den Impulsen nachgeben, die da im Innern drängen, gar wühlen!

Es gilt all das, was da unbewußt arbeitet, phantasievoll zu befragen. Dadurch kommt geistige Klärung hinzu.

Eine meditative Besonnenheit haben wir hierbei selbständig hervorzubringen. Zumeist bedarf es einer Vielzahl von Erfahrungen, die sowohl in der Seele aufsteigen als auch von konkreten Begegnungserlebnissen beeinflußt sein mögen, um sie im vergleichenden Betrachten zum Sprechen zu bringen.

Kein willkürliches Kombinieren darf sich vollziehen. Verlangt ist eine nüchterne, zugleich umfassende Integrationsleistung, welche tiefere Gesetzmäßigkeiten aus dem Erlebten abzuleiten vermag. Das ist dann der weiterführende Kern von allen wechselnden Bildeindrücken.

Durch ein Besinnen, welches die Qualität eines Meditationsvorganges hat, beginnen die im Innern aufgestiegenen oder an uns herangedrungenen Bilder sich gegenseitig zu erläutern. So kann sich ausdrücken, was der wahre Gehalt dessen ist, womit die Seele in solcher Intensität lebt, daß dies zunächst das größte Rätsel ist.

Allein ein oftmaliges anschauendes Denken vermag so etwas wie einen Schlüssel zu bereiten, der uns das Verständnis für jene unerschöpflich reiche Seelenwelt öffnet, in welche wir fortwährend eingebettet sind und wovon auch unsere Träume künden. Mittels des Einsatzes eigener Phantasie, durch Erzählungen anderer Menschen sowie über geisteswissenschaftliche Erkenntnishilfen können wir zunehmend besser begreifen, wovon die diesbezüglichen Bildbotschaften berichten.

Regelrechte Schlüsselträume stehen bisweilen dann vor uns. Sie können ganz neue Lebensdimensionen eröffnen, denen wir schon lange nachgestrebt haben.